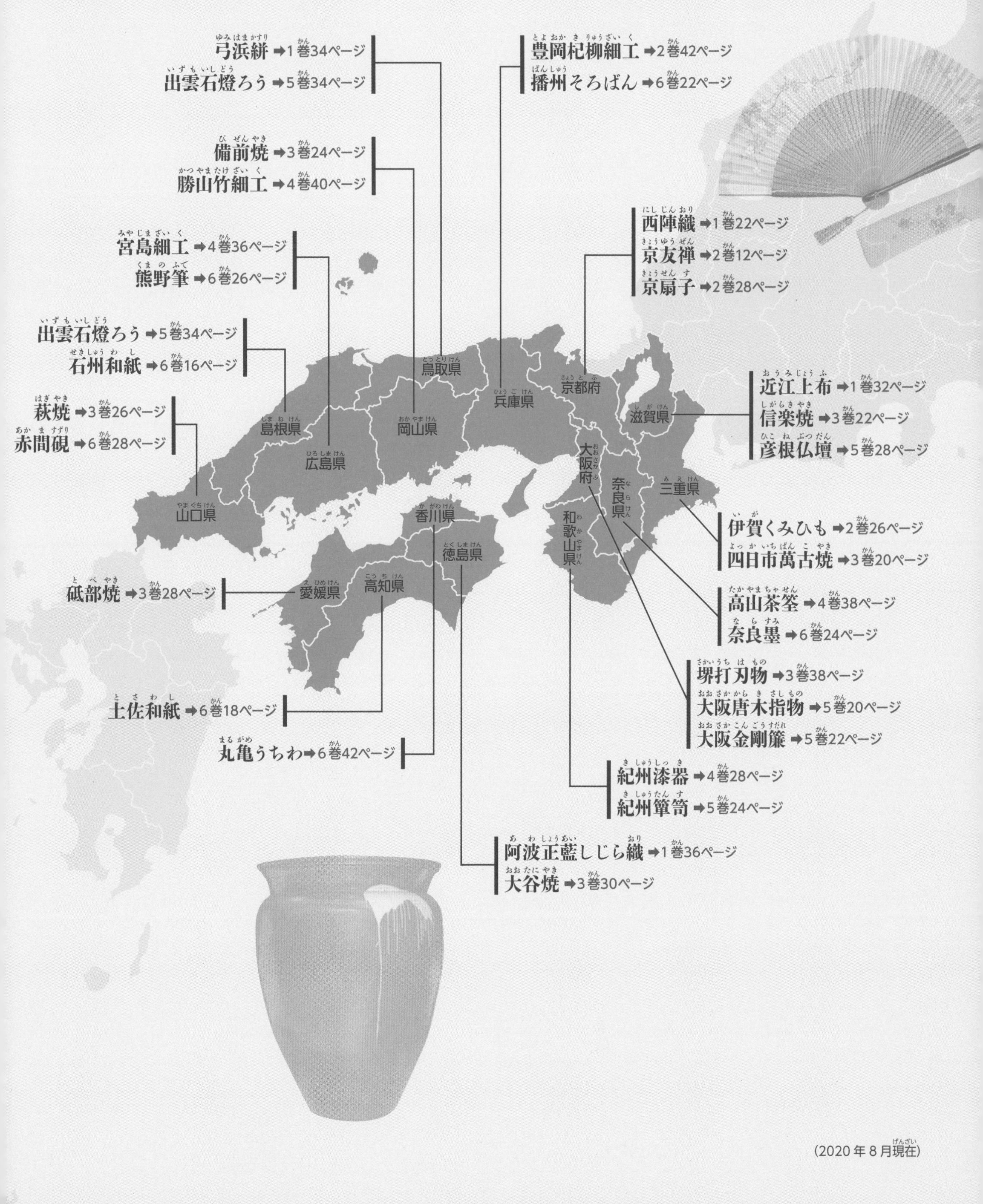

鳥取県
弓浜絣 ➡1巻34ページ
出雲石燈ろう ➡5巻34ページ

岡山県
備前焼 ➡3巻24ページ
勝山竹細工 ➡4巻40ページ

広島県
宮島細工 ➡4巻36ページ
熊野筆 ➡6巻26ページ

島根県
出雲石燈ろう ➡5巻34ページ
石州和紙 ➡6巻16ページ

山口県
萩焼 ➡3巻26ページ
赤間硯 ➡6巻28ページ

愛媛県
砥部焼 ➡3巻28ページ

高知県
土佐和紙 ➡6巻18ページ

香川県
丸亀うちわ ➡6巻42ページ

徳島県
阿波正藍しじら織 ➡1巻36ページ
大谷焼 ➡3巻30ページ

兵庫県
豊岡杞柳細工 ➡2巻42ページ
播州そろばん ➡6巻22ページ

京都府
西陣織 ➡1巻22ページ
京友禅 ➡2巻12ページ
京扇子 ➡2巻28ページ

滋賀県
近江上布 ➡1巻32ページ
信楽焼 ➡3巻22ページ
彦根仏壇 ➡5巻28ページ

三重県
伊賀くみひも ➡2巻26ページ
四日市萬古焼 ➡3巻20ページ

奈良県
高山茶筌 ➡4巻38ページ
奈良墨 ➡6巻24ページ

大阪府
堺打刃物 ➡3巻38ページ
大阪唐木指物 ➡5巻20ページ
大阪金剛簾 ➡5巻22ページ

和歌山県
紀州漆器 ➡4巻28ページ
紀州箪笥 ➡5巻24ページ

(2020年8月現在)

7

伝統工芸の よさを伝えよう

監修 一般財団法人 伝統的工芸品産業振興協会

はじめに

伝統工芸は、長く日本のくらしをささえ、ゆたかにし、いろどってきました。日本をおとずれる外国人が、日本の伝統工芸に興味をもつすがたもよく目にします。それは、伝統工芸には、生活に根ざしたつかいやすさや、歴史の重み、美しさなど、たくさんのみりょくがあるからです。そのような伝統工芸のみりょくについて、ほかの人にもぜひ伝えてほしいと思います。

この巻では、「伝統工芸のみりょくを伝える」内容のリーフレットを作成するために、みなさんが人に伝えたい伝統工芸を選ぶところから、調べ、整理し、内容を組み立て、文章にするところまでを、ていねいに段階を追って説明しています。はじめから順を追って読むこともできますが、自分が知りたいところだけを選んで読んでもわかるように書かれています。また、それぞれの段階で説明したポイントは、ほかの内容のリーフレットをつくるときにも活用できるものばかりです。今後の調べ学習に、ぜひ生かしてください。

みなさんのつくり上げたリーフレットを読んだ人が、伝統工芸を通して、日本の風土や文化、それをつくる職人の方がたの思い、つかう人びとのくらしなどに興味をもってくれることを願っています。

筑波大学附属小学校　青山由紀

伝統工芸って、どんなもの?

「伝統」とは、ある民族や社会などの集団のなかで、世代をこえて受けつがれてきたもののことです。芸術や産業、しきたり、考えかたなど、さまざまな分野に伝統はあります。「工芸」は日常的につかう、つかいやすさと美しさをそなえたもの、また、それをつくることを指します。つまり伝統工芸とは、長い歴史をもつ、くらしをいろどるものや、ものづくりということになります。

このような伝統工芸のうち、「伝統的工芸品産業の振興に関する法律」にもとづく経済産業大臣の指定を受けたものは伝統的工芸品とよばれます。伝統的工芸品としてみとめられるためのおもな条件は、以下の通りです。

◆ **生活を楽しくし、心をゆたかにするもの。**
◆ **機械でたくさんつくられるものではなく、製品のおもな部分が職人によって手づくりされるもの。**
◆ **100年以上前からいままでつづく、伝統的な技術や技法でつくられたもの。**
◆ **製品のおもな部分が、100年以上前からいままでつかわれてきた伝統的な材料をつかってつくられたもの。**
◆ **ある地域で、複数の職人がまとまって、あるていどの規模でつくられているもの。**

伝統的工芸品に指定されているのは235品目（2020年8月現在）で、織物や陶磁器、金工品、人形など、さまざまな種類があります。

伝統マーク
もともと伝統的工芸品のシンボルマークとしてつくられたもの。経済産業大臣が指定した技術・技法・原材料どおりにつくられた製品や、その技術を活かした製品のうち、産地の検査に合格したものに、このマークが入ったシールがはられる。

7 伝統工芸のよさを伝えよう

もくじ

NOTE BOOK

伝統工芸のよさを伝えるために

この７巻では、伝統工芸のよさを伝える文章を書いて、リーフレットにするまでの手順を、伝統工芸選びから順にしょうかいしています。必要なところから、はじめてみましょう。

◆文章を書く手順がわかる

伝統工芸のよさを伝える文章を書くには、まず、しょうかいする伝統工芸を選ぶことからはじまります。選ぶためには、調べる必要があります。選んだら、さらに調べて、どのみりょくをとりあげるかを選びます。調べることと、選ぶことをくり返して、文章を組み立てていきます。

伝統工芸は、こうやって選ぼう！

❶ 知ろう！
伝統工芸にはどんな種類がある？
➡8ページ

❷ 調べよう！
どんな伝統工芸があるか調べるには？
➡10ページ

❸ くらべよう！
こうほを決めて、伝統工芸をくらべるには？
➡12ページ

よさを伝える伝統工芸決定！

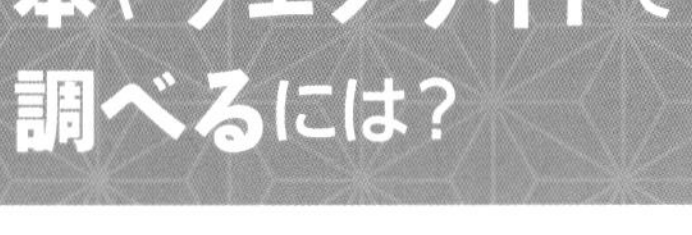

本やウェブサイトで調べるには？

❶ 資料を選ぼう！
参考にするとよい資料って、どんなもの？
➡14ページ

❷ 広く見よう！
選んだ伝統工芸の分類と、とくちょうは？
➡16ページ

❸ ピンポイントで見よう！
さらにくわしく調べてみよう！
➡18ページ

❹ 整理しよう！
調べたことをテーマごとに整理するには？
➡20ページ

さらにフィールドワークで調べるには?

❶ 準備しよう!

インタビューの質問内容を考えるには?
➡22ページ

❷ 申しこもう!

見学とインタビューを申しこむには?
➡24ページ

❸ さつえいの準備をしよう!

写真をじょうずにとるポイントは?
➡26ページ

❹ 話を聞こう!

相手の話を聞くときのマナーは?
➡28ページ

❺ 整理しよう!

聞いたことを整理するには?
➡30ページ

調べたことを文章にまとめるには?

❶ 組み立てよう!

文章の組み立てって、どんなもの?
➡32ページ

❷ 意見を聞こう!

組み立てがわかりやすいか、知るには?
➡34ページ

❸ 問題点を見つけよう!

わかりにくい文章って、どんなもの?
➡36ページ

❹ 表現を知ろう!

文章をわかりやすくする表現って?
➡38ページ

リーフレットの完成!

❶ 構成を考えよう!

どこにどんな内容を入れる?
➡40ページ

❷ 友だちと話し合おう!

文章のよいところを見つけるには?
➡42ページ

よさを伝えたい伝統工芸を選ぶ① 知ろう！

伝統工芸のよさを伝えるために、どの伝統工芸を調べるかを選びます。まずは全国にどんな伝統工芸があるのかを、知ることからはじめましょう。

伝統工芸は、こうやって選ぼう！

❶ 知ろう！…伝統工芸にはどんな種類があるかを知る。
↓
❷ 調べよう！…どんな伝統工芸があるかを具体的に調べる。
↓
❸ くらべよう！…こうほを決め、それぞれの伝統工芸をくらべる。

伝統工芸って、どんなもの？

伝統工芸というのは、ある特定の地域で、そこでとれる原材料と、歴史的、伝統的に受けつがれた技術を生かして、おもに手作業でつくられているものや、ものづくりをいいます。おもに、日常生活でつかわれるものです。

また、このような伝統工芸のなかには、その歴史や技術が国にみとめられているものがあります。これを**伝統的工芸品**とよび、235品目（2020年８月現在）が指定されています。このほかにも、それぞれの都道府県や市区町村で、その地域の伝統工芸としてみとめられているものも、数多くあります。伝統工芸を選ぶときには、そういったものからさがすと、わかりやすいでしょう。

伝統工芸を選ぶ目安

伝統工芸

国指定の伝統的工芸品
（博多織、小石原焼など）

各都道府県指定の伝統工芸品
（赤坂人形、きじ車など）

そのほかの伝統工芸品
（和紙、竹細工など）

▲国指定の伝統的工芸品、各都道府県指定の伝統工芸品のどちらかから選ぶとよい。両方に指定されているものもある。

選びかたは二つ

どこから選べばよいかわからないときは、**分類**から選ぶ方法か、**地域**から選ぶ方法があります。

分類から選ぶ方法は、いくつかの種類で分けた伝統工芸から、きょうみのあるテーマを選びましょう。分類のしかたはいろいろですが、このシリーズでは、**衣・食・住**にかかわるもので分けてあります。食にきょうみがあれば、３・４巻から選ぶということができます。

地域から選ぶ方法は、自分の住んでいる都道府県や調べたい都道府県から選びましょう。

ここでは、このシリーズの１～６巻にかぎらず、日本中にある、たくさんの伝統工芸のなかから選ぶ方法をしょうかいします。

家の中にも伝統的工芸品があるかもしれないね！

伝統マーク

●分類から選ぶ

伝統工芸の分類のしかたには、素材で分ける方法や、つかいかたで分ける方法などがあります。

たとえば、国に指定された伝統的工芸品は**業種別**に分けることができます。伝統的工芸品の名前は、44ページでしょうかいしています。

伝統的工芸品の業種別分類　※1～6巻の巻頭で説明のある業種には、（　）内の➡で、巻とページをしめしています。

織物［38品目］（➡1巻8ページ）

織機をつかって、たて糸とよこ糸を組み合わせて布にしたもの。絣や紬、縮などがある。

染色品（染物）［13品目］（➡2巻8ページ）

白い布を、染料をつかって染めあげたもの。手描き友禅、型染め、絞り染め、色無地などがある。

その他の繊維製品［5品目］（➡2巻11ページ）

糸や布をつかう工芸品のなかで、織物と染色品ではないもの。くみひもと、ししゅう、足袋がふくまれている。

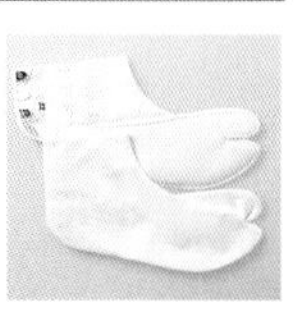

陶磁器（焼き物）［32品目］（➡3巻8ページ）

ねん土をこねてうつわの形にし、窯で焼いたもの。おもに食器や花器、置き物としてつかわれている。

漆器［23品目］（➡4巻8ページ）

木のうつわなどに、うるしをぬり重ねたもの。色漆や金ぱくでかざることも多い。

木工品・竹工品［32品目］（➡4巻11ページ）

木工品は木材や木の皮など、竹工品は竹を加工した工芸品のこと。彫物、曲物、挽物などがある。

金工品［16品目］（➡3巻11ページ）

金や銀、銅、鉄などの金属を加工した工芸品のこと。技法には、鋳金、鍛金、彫金などがある。

仏壇・仏具［17品目］（➡5巻10ページ）

仏壇は家庭内で仏像やいはい*をおくための祭壇のこと。仏具は仏事に用いられる道具。

和紙［9品目］（➡6巻8ページ）

日本に古くから伝わる紙。コウゾやミツマタ、ガンピなどの植物を原料として、手すきでつくられる。

文具［10品目］（➡6巻11ページ）

日本で古くからつかわれている文具。筆と墨、すずりのほか、そろばんもふくまれている。

石工品［4品目］（➡5巻11ページ）

石を加工した工芸品。石灯ろうや多重塔、はち物などがつくられる。

貴石細工［2品目］（➡2巻11ページ）

貴重な石を加工してつくられる工芸品のこと。原料は、水晶やめのうが多い。

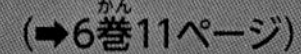

人形・こけし［9品目］（➡6巻11ページ）

人のすがたににせた、木やねん土などを材料にしてつくられた人形。

その他の工芸品［22品目］

ガラス製品や、うちわ、楽器など、これまでの分類には入らない工芸品。

工芸材料・工芸用具［3品目］

ほかの工芸品をつくるための材料や道具として、つかわれているもの。

●地域から選ぶ

都道府県ごとに、伝統工芸の数も種類もさまざまです。国の伝統的工芸品に指定された品目が少ない県もありますが、それはかならずしも伝統工芸の数が少ないということではありません。少人数でつづけられているものや、歴史的な資料が少ないために指定されないものもあります。

日本全国の伝統的工芸品をくらべてみると、木工品が多い県、織物が多い県など、県ごとや地方ごとのとくちょうも見えてきます。日本全体の伝統工芸を見わたしてから、どこにするか選んでもよいでしょう。

＊いはい…なくなった人の戒名（仏教でなくなった人におくる名前）を書いた、小さな木の板。

よさを伝えたい伝統工芸を選ぶ②　調べよう！

選んだ地域や分類には、どんな伝統工芸があるか調べてみましょう。それぞれの伝統工芸を知ることが必要です。

◆伝統工芸をくらべてみる

たくさんある伝統工芸から、一つを選ぶのはむずかしいことです。名前や写真を見てパッと決めるのも、いいでしょう。けれども、それぞれの伝統工芸を調べ、くらべてから決めるほうが、よさを伝える文章が書きやすくなります。選んだ理由が、その伝統工芸のみりょくにつながるからです。

◆伝統工芸の調べかた

選ぶためのテーマ（地域や分類）が決まったら、その地域や分類にどんな伝統工芸があるのかを調べましょう。おもな調べかたには、伝統工芸をしょうかいしている本からさがす方法と、インターネットをつかう方法があります。

●本からさがす

まず、図書館にある、伝統工芸についての本をさがしましょう。図書館の本の分類は、**日本十進分類法（NDC）**というルールにしたがって、本だなにならべられています。伝統工芸の本は、「**工芸**」に分類されますので、**分類記号**の「**750**」にふくまれています。また、「工芸」に分類された本以外にも、伝統工芸がしょうかいされている本はあります。都道府県ごとにくわしいかいせつがのっている本をさがしてみましょう。

本や資料をさがすときには、図書館にある検索システムを利用するとよいでしょう。タイトルやキーワードがわかれば、検索できます。わからないときは、図書館のスタッフに調べかたやさがしかたをたずねてみます。

背ラベルの例

750
Z
1

分類記号が「750」の本をさがす

検索画面の例

蔵書検索

1か所以上入力し、【検索】ボタンをおしてください。

キーワード	伝統工芸
著者	

▲キーワードに「伝統工芸」と打ちこんで、検索する。検索結果が多い場合は、出版年などでしぼりこむとよい。

図書館利用のルール

たくさんの人が利用する図書館では、つぎのルールを守りましょう。くわしくは、図書館のスタッフにかくにんするとよいでしょう。

- 本をよごしたり、折り曲げたりしないこと。
- 利用した本は、元の場所へもどすこと。
- 借りた本を返す日は、かならず守ること。
- コピーしたいときには、図書館のスタッフに相談すること（コピーのしかたや、分量などのルールがあります）。

●インターネットでさがす

検索エンジンをつかって、インターネット上の情報を検索します。ここでは、ある地域の伝統工芸のさがしかたを見てみましょう。

検索エンジンのつかいかた

❶都道府県名と「伝統工芸品」という、二つのキーワードで検索する。

福岡県　伝統工芸品　［さがす］

▲たとえば、福岡県の伝統工芸品を調べたいときは、「福岡県」のあとに空白を入れてから「伝統工芸品」と打ちこむ。

❷検索結果のなかから、信用できる都道府県の自治体や観光連盟のホームページをさがす。

福岡県の伝統工芸品 - 福岡県庁ホームページ
https://www.pref.fukuoka.lg.jp/・・・・・・・・・・

福岡県伝統的工芸品 ～現代に息づく匠の技～ - 福岡県観光連盟
https://www.crossroadfukuoka.jp/traditionalcrafts/

福岡県の伝統工芸品 ー県指定 - 福岡県観光連盟

❸くわしく説明がのっていそうな「福岡県伝統的工芸品～現代に息づく匠の技～」を開いてみる。

▲国の伝統的工芸品（7品目）がしょうかいされている。

▲福岡県知事指定の特産工芸品・民芸品も、34品目しょうかいされている。

インターネット利用のルール

インターネット上の情報は、正しいものだけとはかぎりません。きけんなウェブサイトに接続しないよう、注意しましょう。

- 国や地方の役所や観光協会、伝統工芸の産地組合などが公表している、信用できる情報を選ぶこと（➡15ページ）。
- 発信元がはっきりしていないウェブサイトに接続しないこと。
- インターネット上の画像や文章は、つくった人に著作権という権利があるため、勝手に使用しないこと（引用するときの注意➡41ページ）。

よさを伝えたい伝統工芸を選ぶ③　くらべよう！

伝えたい伝統工芸がいくつか見つかったら、それぞれのとくちょうや歴史などを調べて、くらべてみましょう。そのなかからよさを伝えたいと思うものを一つ選びます。

◆伝統工芸の内容をまとめる

　気になる伝統工芸について、調べたことを、ノートなどにまとめます。このシリーズの１～６巻のように、**産地**や**歴史**、**材料**、**つくりかた**、**技法**など、ポイントをしぼってまとめると、くらべやすくなります。

本で調べたこと

小石原焼★　❺東峰村

小石原地区でつくられる陶器。江戸時代初期に中国や朝鮮半島の焼き物の影響を受けて発展した。じょうぶであることから現在も日常的につかううつわとして人気がある。

博多織★　❹福岡市

細かい模様が織りこまれた絹織物。鎌倉時代に中国から伝わった技術をもとに生まれたとされる。博多帯という着物の帯（写真）や、ネクタイなどの生地としてつかわれている。

▲手織機にセットしたたて糸に、よこ糸を打ちこみ、模様を織りだす。

『ポプラディアプラス　日本の地理　６巻　九州地方』（ポプラ社、2020年）より

ウェブサイトで調べたこと

博多織

福岡市ほか

1241年に中国王朝・宋から博多に持ち帰った技術がルーツとされる織物。絹糸で織られた博多織は生地に張りがあり、着物を締める帯に使われることが多いです。現在でも和服はもちろん、幕下以上の力士が浴衣を締める帯としても愛用されています。江戸時代には幕府に献上されるなど、特別な品としてその歴史を刻んできました。

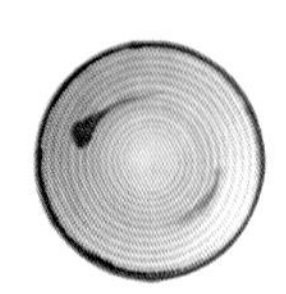

小石原焼

東峰村

イギリスの陶芸家で、画家でもあるバーナード・リーチに『用の美』と称賛された民陶・小石原焼。その歴史は約350年前にさかのぼります。1958年の世界工芸展グランプリ受賞を機に、1960年代頃から日本全国にその名を知られることとなりました。独特の紋様、土の温かみを感じる素朴さが現代のライフスタイルに馴染むこともあり、今なお全国的にファンが多い焼き物の一つです。

「福岡県伝統的工芸品～現代に息づく匠の技～」（福岡県観光連盟）より

ノートの例

小石原焼

こいしわらやき

- 分類…焼き物（陶器）
- おもな産地…福岡県・東峰村

- 歴史…約350年前からつくりはじめられた。
  江戸時代のはじめに福岡藩主によって、
  窯が開かれた。
  1958年のブリュッセル万国博覧会（ベルギー）で
  グランプリを受賞。
- とくちょう…土の温かみを感じるそぼくさがある。
- もようをつくる技法…流し、はけ目、飛びかんななどがある。
- 種類…かめ、つぼ、置き物、食器など

博多織

はかたおり

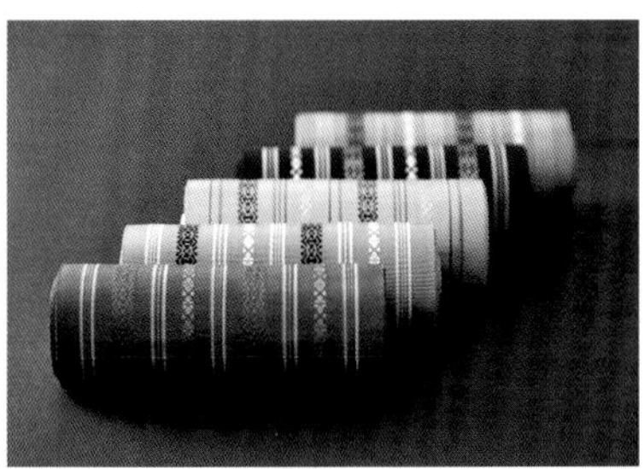

- 分類…織物
- おもな産地…福岡県・福岡市など

- 歴史…780年ほど前に、はじまった。
  博多商人が、技術を伝えた。
  江戸幕府に献上された高級絹織物。
  「献上柄」というもようがある。
  着物の帯として人気となった。
- とくちょう…生地にあつみとはり、つやがある。
- つくりかた…糸を染めてから織る。
- つかいかた…女性用の着物の帯、力士の帯、布小物など

チェックポイント

- どちらをより伝えたいかな？
- わたしでも調べられるかな？
- 調べたい情報が手に入りやすいかな？
- だれに聞いたら、教えてもらえるかな？
- 資料館などが近くにあるかな？

本やウェブサイトで調べる①

「よさ」を伝えたい伝統工芸が決まったら、その伝統工芸についてさらに調べてみましょう。本やウェブサイトを資料として活用します。

本やウェブサイトで調べるには？

❶ **資料を選ぼう！**…どんな資料を参考にするとよいかを知る。
↓
❷ **広く見よう！**…選んだ伝統工芸の分類ととくちょうを知る。
↓
❸ **ピンポイントで見よう！**…さらにくわしく調べる。
↓
❹ **整理しよう！**…調べたことをテーマごとに整理する。

◆ 二つの見かたをしてみよう

伝統工芸のみりょくを調べるときには、**広く見る**ことと、**ピンポイントで見る**ことの、二つの見かたが必要になります。

●広く見る方法

広く見るというのは、その伝統工芸を大まかな分類から見てみることです。たとえば、博多織について調べるとき、まずは博多織が何に分類されるかをかくにんします。44ページの表を見ると、織物であることがわかります。つぎに、織物とはどんなものなのか、ほかにどんな種類があるのかなどを調べます。そうすると、博多織がほかの織物とどんなところがにていて、どこがちがうのかをくらべることができます。そのちがいから、博多織のとくちょうや、みりょくがはっきりしてきます。広く見るためには、**百科事典**が活用できます。

●ピンポイントで見る方法

もう一つの見かたは、ポイントをしぼって見ることです。それぞれの伝統工芸について、産地や歴史、つくりかたなどについて、くわしく説明している**本やウェブサイト**を調べます。わからないことばやしくみは、それぞれ調べていきます。

二つの見かた

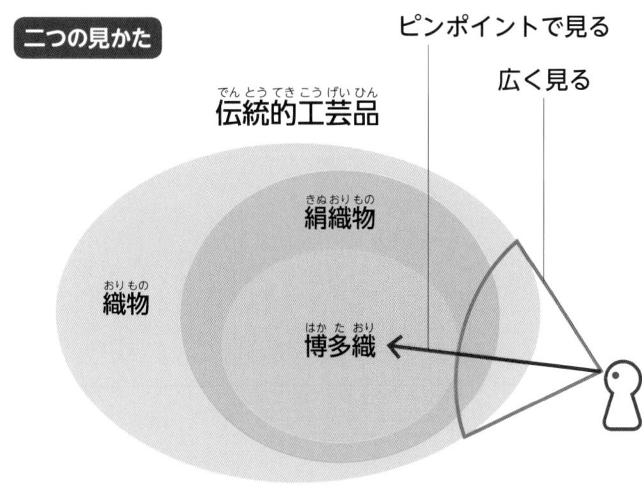

▲博多織は、伝統的工芸品のなかで織物に分類され、さらに絹織物に分けられる。

◆ 資料のとくちょうとつかいかた

伝統工芸についての資料には、伝統工芸のせんもん用語だけでなく、歴史上のできごとや人物など、まだ学校で学習していないこともたくさんでてきます。

地理や地名を調べるには、百科事典のほかに、**地図帳**をつかうとよいでしょう。本の最後のほうに、さくいんがありますから、地名をさがして地図上の位置をかくにんすることができます。

また、社会科の授業でつかう**地域副読本**に、「よさ」を伝えたい伝統工芸がのっていれば、資料として活用できます。資料は、調べる目的に合わせて選びましょう。

●本や地域副読本など

百科事典や地図帳、伝統工芸の本は、図書館にあります。百科事典や地図帳は、館外への持ちだしが禁止されていることが多いので、気をつけましょう。地域副読本は、教科書と同じように、学校で配られます。伝統工芸の**パンフレット**は、手に入ったときに活用するとよいでしょう。

◆伝統工芸の本

たくさんの伝統工芸がのっている本のほか、特定の伝統工芸についてくわしくかいせつしている本があります。子どもむけの本をつかうと、わかりやすいでしょう。

▶『ポプラディア情報館 伝統工芸』(ポプラ社、2006年)

◆地域副読本

おもに社会科の地域学習のために、各都道府県や市区町村がつくっている教材。身近な地域の伝統工芸を調べるときに役立ちます。

▶奈良県奈良市の地域副読本「わたしたちの奈良市」(奈良市教育委員会)。

◆伝統工芸のパンフレット (➡19ページ)

それぞれの伝統工芸の産地組合などがつくっているパンフレット。その伝統工芸の歴史などについて、しょうかいしています。資料館や駅などにおいてあります。

●ウェブサイト

検索エンジンで調べたいことばを検索すれば、必要な情報が早く手に入ります。けれども、その情報が信用できるかどうかは、つねに注意します。発信元がどこなのかをかくにんし、公的な機関や子どもむけのウェブサイトから、情報を得るようにしましょう。

◆市区町村の公式ウェブサイト

市区町村によっては、ウェブサイトで地域の伝統工芸を大きくとりあげていることがあります。「市区町村名　伝統工芸」または「市区町村名　特産品」などのキーワードで検索してみましょう (➡11ページ)。

▶埼玉県越谷市の伝統工芸をしょうかいするウェブページ。

◆産地組合のウェブサイト

ほとんどの伝統工芸の産地組合には、その伝統工芸についてのウェブサイトがあります。「伝統工芸名　組合」などのキーワードで検索してみましょう。

▶「博多織工業組合」のウェブサイト (➡18ページ)。

本やウェブサイトで調べる②

広く見よう！

ここでは、「よさ」を伝えたい伝統工芸を、百科事典をつかって調べてみましょう。くわしく調べるというよりも、どんな伝統工芸なのかを大まかにつかみます。

◆伝統工芸のなかの博多織

博多織は、伝統工芸のなかで、どのようなとくちょうのあるものなのでしょうか。この『調べてみよう！ 日本の伝統工芸のみりょく』の１巻を見てみると、博多織は、「織物」に分類されています。

まず、「織物」とはどういうものなのか、百科事典で調べてみましょう。織物についてわかったら、つぎは「絹」や「絹織物」についても調べます。その伝統工芸が何の仲間に分類されるのかを調べて、ほかとくらべることで、そのとくちょうを大まかにとらえます。

〈『調べてみよう！ 日本の伝統工芸のみりょく』 1巻より〉

織物

あつい生地にうきでる伝統のもよう 福岡県

博多織

どんな織物？

着物の帯として人気がある

博多織は、**福岡県**を中心につくられている絹織物（➡10ページ）です。生地があつく、はりとつやがあり、**博多帯**とよばれる着物の帯としてつかわれてきました。生地にうきでたもようがとくちょうです。そのなかでも、江戸時代に江戸幕府に献上されたことから**献上柄**とよばれるもようが有名です。

▲博多織でつくられた博多帯。献上柄が織りだされている。

産地 九州を代表する港町

おもな産地である福岡県福岡市**博多区**は、福岡県の北西部にあり、日本海に面しています。古くからいまの中国や朝鮮半島との交易がさかんで、**博多商人**とよばれる商人がかつやくしてきました。いまも九州地方を代表する商業都市として知られています。

▲博多湾に面した博多港。国内有数の貿易港として知られる。

歴史 中国から技術をもち帰った

1241年に、博多商人の**満田彌三右衛門**が南宋（いまの中国）から織物の技術をもち帰りました。これが博多織のはじまりとされています。その約250年後には満田彌三右衛門の子孫が技術の研究にとりくみ、いまの博多織のように生地があつく、もようがうきでた織物を生みだしました。

江戸時代には、いまの福岡県北西部をおさめていた**福岡藩**が江戸幕府へ博多織を献上するようになります。これによって博多織は全国に知られるようになり、着物の帯として人気となりました。

いまでは帯のほか、じょうぶで、つやのある地をいかした小物などもつくられています。

▲博多織をつかったかばんとネクタイ。じょうぶな生地は、毎日つかてもいたみにくい。

12

調べよう 織物

〈『総合百科事典 ポプラディア（新訂版）』（ポプラ社） より〉

> **おりもの　織物**　平行にならべた縦糸に対し、横糸を直角に組んでつくられた布。縦糸と横糸との組み方のちがいによって平織り、あや織り、サテンの3種類に分けられ、これらを「織物の三原組織」とよんでいる。また、原料によって麻織物、絹織物、毛織物などがある。
>
> 新石器時代に繊維（糸）を「組む」「編む」「織る」の順序で技術が生まれて発展したと考えられている。日本では、縄文時代の終わりごろの遺跡から編み物やかんたんな織物が出土していて、弥生時代のはじめごろまでには機織りの技術が広まっていたとみられている。情 伝統工芸 34

調べよう 絹

〈『総合百科事典 ポプラディア（新訂版）』（ポプラ社） より〉

> **きぬ　絹**　カイコのまゆからとった生糸。また、それを加工した絹糸で織った絹織物。シルクともいう。
>
> 絹には、なめらかな手ざわりと品のよい光沢がだせる、繊維が細くて長いのでうすい布地を織ることができる、美しい色に染まるなどのすぐれた点があり、古くから高級織物に用いられてきた。一方、日光やアルカリ性洗剤に弱いので、保管や洗濯には注意しなければならない。

調べよう 絹織物

〈『総合百科事典 ポプラディア（新訂版）』（ポプラ社） より〉

> **きぬおりもの　絹織物**　カイコのまゆからとった天然繊維の絹を糸にして織った織物。紀元前3000年ころに中国でつくられたのが最初で、シルクロード（絹の道）を通ってヨーロッパにも伝わった。日本には、中国から朝鮮半島をへて伝わったと考えられているが、時期についてはわかっていない。絹織物は、先に織物をつくってから精練（よけいな物をとりのぞくこと）する生織物と、まゆからとったままの生糸を精練してから織物にする練り織物の2つに分けられる。日本で絹織物工業がさかんな地域には西陣、丹後（ともに京都府）、長浜（滋賀県）、十日町（新潟県）などがある。

●百科事典での調べかた

百科事典では、見出し語が**五十音順**にならんでいて、調べたいことばをさがすことができます。たとえば『総合百科事典ポプラディア（新訂版）』（ポプラ社、2011年）は、1巻から11巻に分かれています。12巻は「さくいん」の巻です。

つくりかた　糸を強くうちこんでもようをだす

博多織は、糸を染めてから織る先染めの絹織物す。しなやかでじょうぶな生地にしあげるため、に強くよりをかけます。織るときに糸を強くうこんで、もようをうかびあがらせるのがとくちょです。織るときにジャカード機（➡11ページ）どの機械をつかうこともありますが、ここでは織りでのつくりかたをしょうかいします。

1 デザインを決める
生地がどのようにつかわれるのかを考えて、もようや色を決める。

2 糸を染める
決められたデザインをもとに、材料の絹糸を染める。

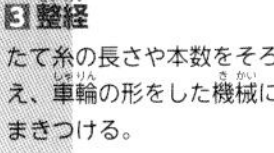

3 整経
たて糸の長さや本数をそろえ、車輪の形をした機械にまきつける。

4 たて糸をとりつける
3のたて糸を織機の綜絖（➡9ページ）にとりつける。

5 よこ糸をよる
細いよこ糸数本をあわせてたばにする。

6 織る
杼（➡9ページ）でたて糸のあいだによこ糸を通して織っていく。このとき、筬（➡9ページ）でよこ糸をたて糸のあいだに強くうちこむ。

もよう　仏教にちなんだ献上柄

博多織を代表するもよう、献上柄は、4つのもようからできています。**独鈷**と**華皿**という仏教の道具をデザインした2つのもようと、**親子縞**、**孝行縞**とよばれる2つのもようです。

これらのもようにはそれぞれ意味があり、献上柄には、家がよくさえ、悪いものをおいはらう厄よけの願いがこめられています。

【献上柄】

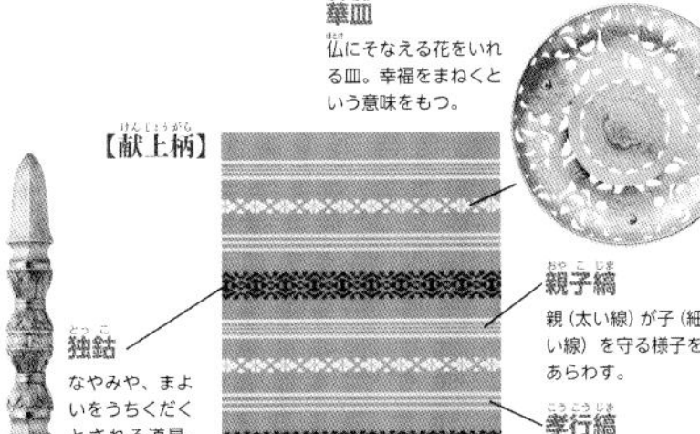

つかいやすさが人気のひみつ

博多織が帯としてつかわれてきたのは、もようがきれいだからというだけではありません。生地があつく、はりがあるため、一度しめるとゆるみにくいからです。また、じょうぶであることから、江戸時代には重い刀をこしにさす武士のあいだで人気でした。いまではさまざまなもようの博多帯がつくられ、男女をとわず高い人気をほこっています。また、すもうの力士も献上柄の博多帯をしめています。

◀博多帯をしめた女性たち。最近は、あざやかな色合いや新しいデザインのものも多くつくられている。

13

1 調べたい事がらがのっている巻をさがす

たとえば「絹織物」を調べるときには、見出し語の最初の文字は「き」なので、3巻にのっています。

2 調べたい事がらがのっているページをさがす

それぞれの巻のなかでも、見出し語が五十音順にならんでいます。「つめ」や「柱」を見て、見出し語「絹織物」をさがします。

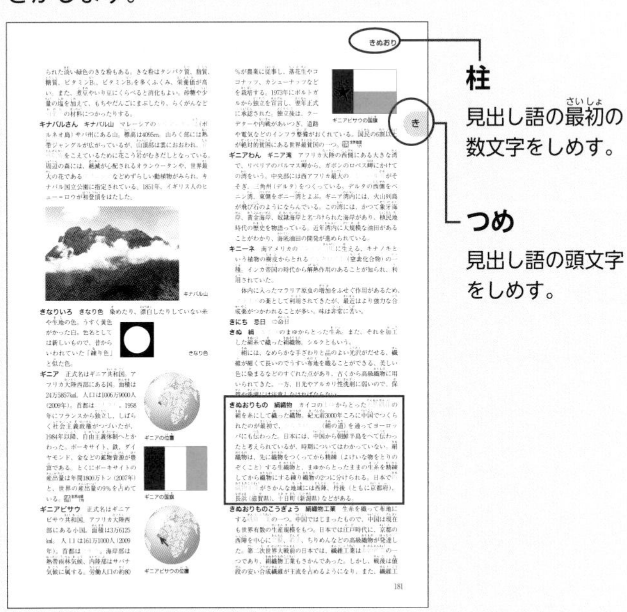

12巻「さくいん」のつかいかた

さくいんも五十音順になっています。調べたい事がらの見出し語をさがします。「絹織物」の場合は、「つめ」で「き」をさがします。

絹織物〔きぬおりもの〕……………………………③ 181

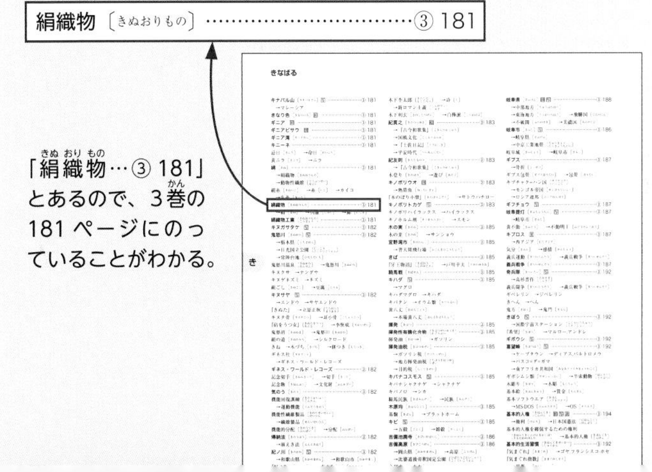

「絹織物…③ 181」とあるので、3巻の181ページにのっていることがわかる。

本やウェブサイトで調べる③

ピンポイントで見よう！

伝統工芸のよさについて、一つの資料ではわからないことを、くわしく調べます。
最新の情報を知りたいときには、本よりもウェブサイトのほうが便利です。

◆いくつかの資料を調べる

伝統工芸のよさは、一つの資料を調べただけでわかるとはかぎりません。また、正しい情報を選ぶためにも、いくつかの資料を参考にすることは大切です。ここでは、1巻の博多織のページをもとに、もっと知りたいことやわからないことを、さらにくわしく調べる方法を見てみましょう。このとき、博多織だけのとくちょうをしめす**キーワード**を見つけると、調べやすくなります。

参考にした本やウェブサイトのタイトルや著者、出版社、出版年などは、わすれないようにメモしておきます。

●博多織のキーワード

1巻の博多織のページにでてくるキーワードは、博多帯、献上柄、博多商人、そして満田彌三右衛門などです。それぞれのことばや用語から、博多織のよさにつながるものを見つけましょう。たとえば、献上柄や満田彌三右衛門については、博多織工業組合のウェブサイトでくわしくしょうかいされています。

〈『調べてみよう！ 日本の伝統工芸のみりょく』1巻より〉

織物　あつい生地にうきでる伝統のもよう　福岡県

博多織

どんな織物？
着物の帯として人気がある

博多織は、**福岡県**を中心につくられている絹織物（➡10ページ）です。生地があつく、はりとつやがあり、**博多帯**とよばれる着物の帯としてつかわれてきました。生地にうきでたもようがとくちょうです。そのなかでも、江戸時代に江戸幕府に献上されたことから**献上柄**とよばれるもようが有名です。

▲博多織でつくられた博多帯。献上柄が織りだされている。

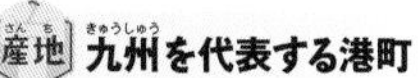

産地　**九州を代表する港町**

おもな産地である福岡県福岡市**博多区**は、福岡県の北西部にあり、日本海に面しています。古くからいまの中国や朝鮮半島との交易がさかんで、**博多商人**とよばれる商人がかつやくしてきました。いまも九州地方を代表する商業都市として知られています。

▲博多湾に面した博多港。国内有数の貿易港として知られる。

歴史　**中国から技術をもち帰った**

1241年に、博多商人の**満田彌三右衛門**が南宋（いまの中国）から織物の技術をもち帰りました。これが博多織のはじまりとされています。その約250年後には満田彌三右衛門の子孫が技術の研究にとりくみ、いまの博多織のように生地があつく、もようがうきでた織物を生みだしました。

江戸時代には、いまの福岡県北西部をおさめていた**福岡藩**が江戸幕府へ博多織を献上するようになります。これによって博多織は全国に知られるようになり、着物の帯として人気となりました。

いまでは帯のほか、じょうぶで、つやのある生地をいかした小物などもつくられています。

▲博多織をつかったかばんとネクタイ。じょうぶな生地は、毎日つかってもいたみにくい。

12

南宋

〈「博多織工業組合」のウェブサイト〉

〈「博多織工業組合」のウェブサイト〉

〈伝統工芸のパンフレット〉

博多織

博多織五色献上の再現

Chic, Elegant and Exotic
Hakataori (Hakata Textiles)

하카타오리

博多织

徳 【紫】 Toku
仁 【青】 Jin
礼 【赤】 Rei
智 【黄】 Chi
信 【黄】 Shin

▲博多織工業組合の博多織パンフレット。日本語だけでなく、英語や中国語でもかいせつされている。

つくりかた　糸を強くうちこんでもようをだす

博多織は、糸を染めてから織る先染めの絹織物です。しなやかでじょうぶな生地にしあげるため、糸に強くよりをかけます。織るときに糸を強くうちこんで、もようをうかびあがらせるのがとくちょうです。織るときにジャカード機(➡11ページ)などの機械をつかうこともありますが、ここでは手織りでのつくりかたをしょうかいします。

1 デザインを決める
生地がどのようにつかわれるのかを考えて、もようや色を決める。

2 糸を染める
決められたデザインをもとに、材料の絹糸を染める。

3 整経
たて糸の長さや本数をそろえ、車輪の形をした機械にまきつける。

4 たて糸をとりつける
3のたて糸を織機の綜絖(➡9ページ)にとりつける。

5 よこ糸をよる
細いよこ糸数本をあわせてたばにする。

6 織る
杼(➡9ページ)でたて糸のあいだによこ糸を通して織っていく。このとき、筬(➡9ページ)でよこ糸をたて糸のあいだに強くうちこむ。

もよう　仏教にちなんだ献上柄

博多織を代表するもよう、献上柄は、4つのもようからできています。独鈷と華皿という仏教の道具をデザインした2つのもようと、親子縞、孝行縞とよばれる2つのしまもようです。

これらのもようにはそれぞれ意味があり、献上柄には、家がよくさかえ、悪いものをおいはらう厄よけの願いがこめられています。

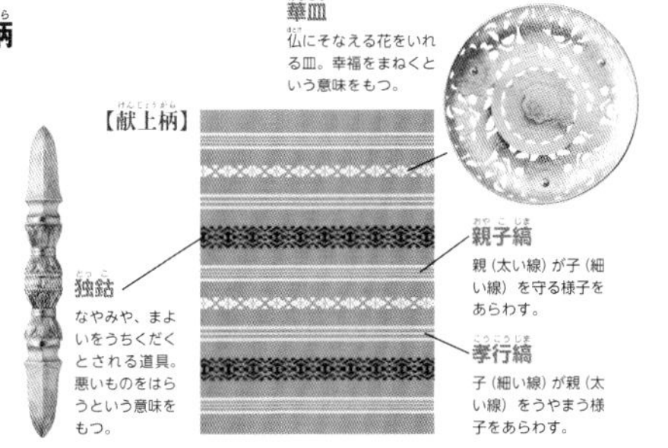

つかいやすさが人気のひみつ

博多織が帯としてつかわれてきたのは、もようがきれいだからというだけではありません。生地があつく、はりがあるため、一度しめるとゆるみにくいからです。また、じょうぶであることから、江戸時代には重い刀をこしにさす武士のあいだで人気でした。いまではさまざまなもようの博多帯がつくられ、男女をとわず高い人気をほこっています。また、すもうの力士も献上柄の博多帯をしめています。

◀博多帯をしめた女性たち。最近は、あざやかな色合いや新しいデザインのものも多くつくられている。

13

力士の帯

▶力士は、番付表で十両以上になると、博多帯をしめることがゆるされる。写真は前頭筆頭の豊山。

1235年ごろの中国と日本

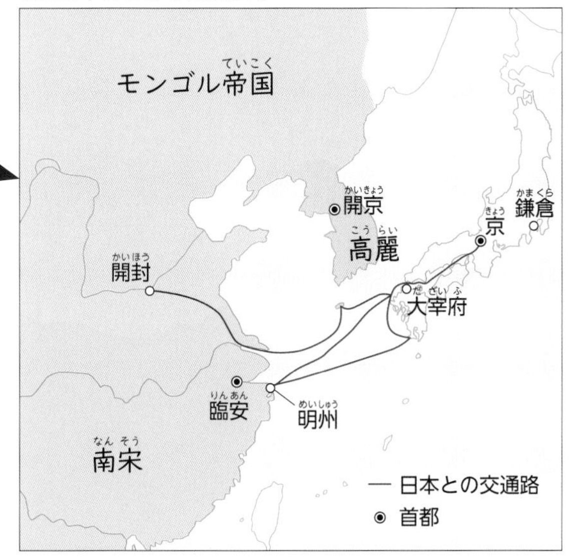

本やウェブサイトで調べる④

整理しよう！

伝統工芸について調べたことを、整理してみましょう。
そのなかから、伝統工芸のみりょくとして、どれをとりあげるかを選びます。

◆ 整理のしかた

調べたことを整理するときは、**テーマ**ごとにまとめていきます。自分の調べたことが整理しやすい方法を選ぶとよいでしょう。

●かじょう書きにする

1～6巻にでてくる産地や歴史、つくりかたなどの項目ごとに整理します。自分で新しいテーマをつくって、まとめてもいいでしょう。テーマどうしのつながりにも注目します。

かじょう書きでまとめる例

博多織

とくちょう

- 絹織物→カイコのまゆ、天然せんい
  ほかに麻織物や毛織物などがある
  織物は、平行にならべたたて糸に、
  よこ糸を組み合わせてつくられた布
  絹＝なめらかな手ざわりとつや、
  うすい布地を織ることができる、美しい色に染まる
- 生地があつい←（ふつうの絹織物とちがうところ？なぜあつい？）
- はりとつやがある ←一度しめるとゆるみにくい＝つかいやすい
- 生地にうきでたもよう
- 博多帯という着物の帯としてつかわれる→帯は「絹鳴り」する
- 力士が博多帯をつかっている
- 江戸時代は武士のあいだで人気

産地

福岡県の北西部
日本海に面している→博多港
古くから中国や朝鮮半島との交易がさかん
博多商人＝商業都市

歴史

1241年　満田彌三右衛門　南宋（いまの中国南部）から織物の技術をもち帰る
→博多織のはじまり
↓
約250年後　子孫が、生地があつく、もようがうきでた織物を生みだした
江戸時代　江戸幕府へ博多織を献上する

つくりかた

- 糸を染めてから織る＝先染め
- しなやかでじょうぶな生地
  ←よこ糸によりをかける
- もようをうかびあがらせる
  ←糸を強くうちこむ

もよう

仏教にちなんだ柄

きかがくもよう
＝三角形や四角形、円形などがたくさんならんだもよう

●マッピングをする

「よさ」を伝えたい伝統工芸を中心に、関連のあることばを線でつないでいくまとめかたを、**マッピング**といいます。頭の中を整理するのに便利です。書きだしたキーワードから、みりょくをさがしてみましょう。

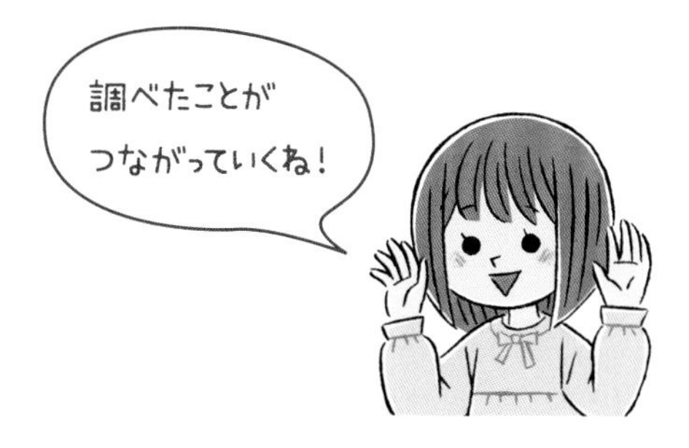

調べたことが
つながっていくね！

マッピングの例

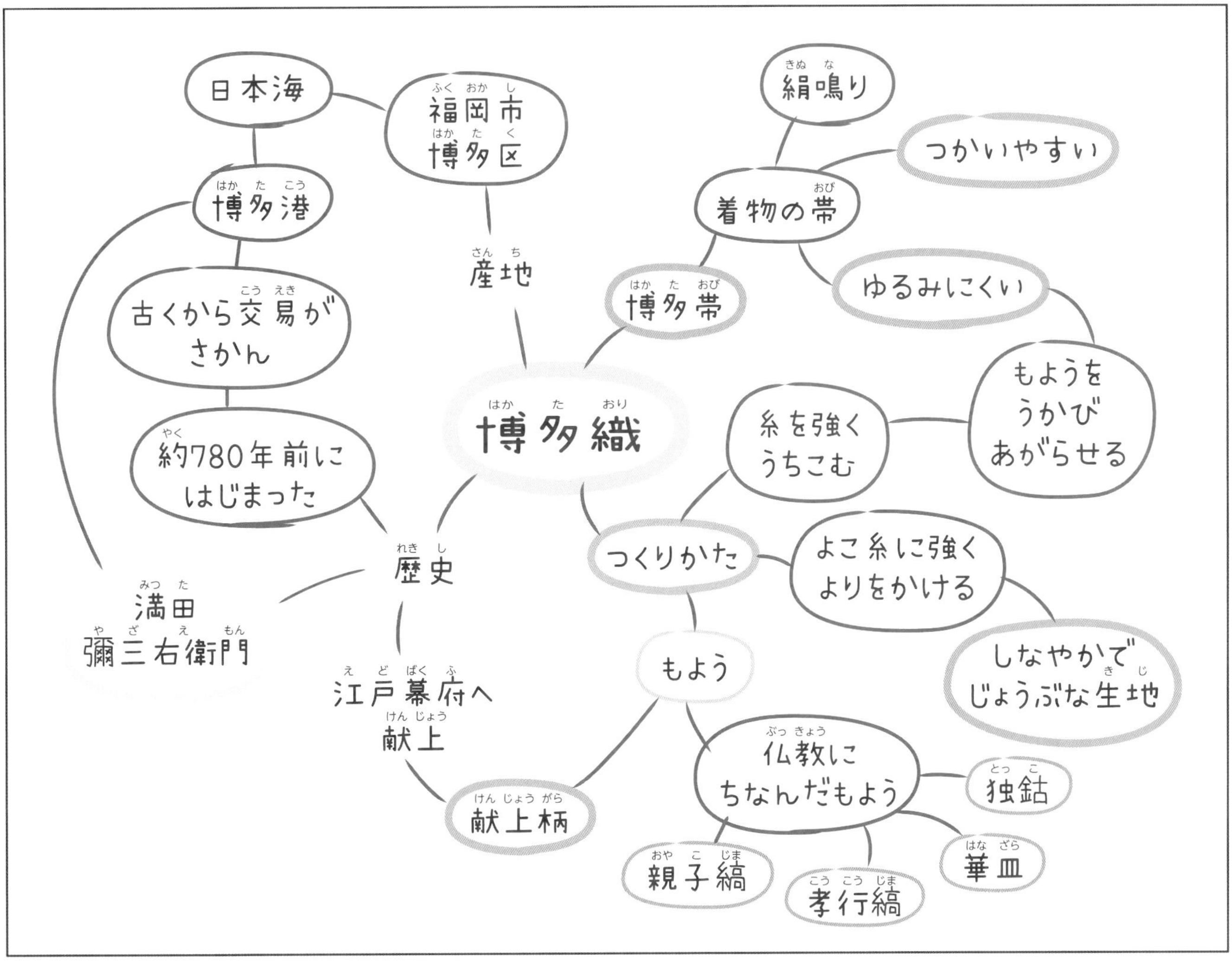
博多織
日本海
福岡市
博多区
博多港
古くから交易がさかん
約780年前にはじまった
産地
歴史
満田彌三右衛門
江戸幕府へ献上
献上柄
絹鳴り
つかいやすい
着物の帯
博多帯
ゆるみにくい
もようをうかびあがらせる
糸を強くうちこむ
つくりかた
よこ糸に強くよりをかける
しなやかでじょうぶな生地
もよう
仏教にちなんだもよう
独鈷
華皿
親子縞
孝行縞

◆みりょくを選ぶ

整理した事がらのなかから、何をみりょくとしてとりあげるかを決めます。自分が伝えたいことや大切だと思うことをしぼりこむのです。伝えたいことがたくさんあっても、短い文章ですべてを入れることはできません。二つか三つほどにポイントをしぼって、伝える必要があります。ここで選んだ事がらが、伝統工芸のよさを伝える文章の中心になります。

どれを選ぶと、
よさがより
伝わるんだろう？

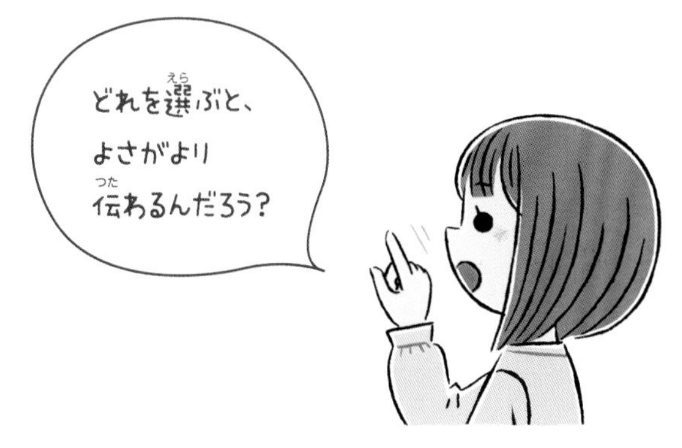

フィールドワークで調べる①

よりくわしい情報を得る方法に、現地に行って調べるフィールドワークがあります。
調べたい伝統工芸について、仕事場を見学したり、職人さんから直接話を聞いたりする方法です。

フィールドワークで調べるには？

❶ 準備しよう！…伝統工芸について調べ、質問内容を考える。
↓
❷ 申しこもう！…電話かEメールで、インタビューを申しこむ。
↓
❸ さつえいの準備をしよう！…写真のとりかたを知り、準備する。
↓
❹ 話を聞こう！…質問して、相手の話を聞く。
↓
❺ 整理しよう！…聞いたことを整理する。

インタビューの準備

調べる伝統工芸が地元のものの場合、仕事場を見学させてもらったり、職人さんにインタビュー取材をしたりすることもできます。本やウェブサイトだけではわからないことを、フィールドワークで実際に見たり聞いたりできるのです。

見学やインタビューは時間を決めて、できるだけ短い時間で終わらせられるよう、準備をしておく必要があります。取材のあいだは、職人さんの仕事をとめてしまうからです。同じ伝統工芸を選んだ２～４人で、準備するとよいでしょう。

●インタビュー相手を決めよう

基本的なことは、あらかじめ調べておきましょう。そのうえで、わからないこと、相手に聞きたいことを整理します。

たとえば、分業している輪島塗の場合、どのエ程の職人さんにインタビューをするかで、質問の内容もかわってきます。うるしのぬりかたについて、もっとくわしく知りたいときは、ぬりの工程ではたらいている職人さんにお話を聞くのがいちばんです。インタビュー相手を決めるためにも、事前に調べておくことはとても大切です。

輪島塗の11職

輪島塗には、木地づくり、下地、上ぬり、そして加飾という工程がある。分業制で、いまは11職に分かれている。いくつかの工程をひとりの職人がおこなうこともある。

- 椀木地
- 指物
- 曲物
- 朴木地
- 下地ぬり
- 研物
- 上ぬり
- 蒔絵
- 沈金
- 呂色
- 外箱

●質問の内容を考える

インタビューのときの質問は、ポイントをしぼることで相手が答えやすくなります。また、できるだけ、相手の体験したできごとを具体的に話してもらうと、こちらもイメージしやすいでしょう。全部の質問に答えてもらう時間がないかもしれないので、聞きたい順番も決めておきます。

質問の例と順番 輪島塗の場合

輪島塗の〈ぬりの職人さん〉に聞きたいこと

① 輪島塗の工程のなかで、ぬりの職人さんになったのは、どうしてですか。
何年ぐらい修業をするのですか。

② ぬりの作業で、むずかしいことやたいへんなことは、どんなところですか。

③ 輪島塗づくりのみりょくや、やりがいについて教えてください。

④ 道具のへらは、何種類ぐらいありますか。
つくるときには、どんなことに気をつけていますか。

⑤ うるしをぬっているときに、手がかぶれることはないのですか。

⑥ 輪島塗が、これまで500年以上も受けつがれてきたのは、どうしてだと思いますか。

⑦ 輪島塗を100年後、200年後も受けついでいくためには、
どんなことが必要だと思いますか。

●おもな役割を決めておく

複数の人数でインタビューをするときは、それぞれの**役割**を決めておきましょう。今回の例は、3人でインタビューをする場合です。質問係以外の人でも質問できるように、役割はその場で交代しながら進めてもかまいません。

フィールドワークで調べる②

申しこもう!

質問の内容が決まったら、見学とインタビューを申しこみます。
時間によゆうをもってお願いできるように準備をしましょう。

◆インタビューの申しこみ

職人さんにインタビューを申しこむ場合、伝統工芸の工房に直接連絡するか、伝統工芸の産地組合などを通して連絡をするという方法があります。それぞれのホームページなどで連絡先をかくにんし、電話かEメール、手紙で連絡します。

どこに連絡すればよいかわからない場合は、市役所などに相談して、職人さんか工房をしょうかいしてもらいます。

●電話のかけかた

電話をかける時間は、お昼と、夕方以降の時間帯をさけるようにします。電話をかけてから、まず相手に話してもよいか、かくにんするとよいでしょう。相手がいそがしい場合には、都合のよい時間を聞いてから、かけ直すようにします。

電話では、まず**自己しょうかい**をしたあと、電話の**目的**をわかりやすく伝えます。インタビューの**日時**については、相手の都合を考えて、よゆうをもって申しこむようにします。

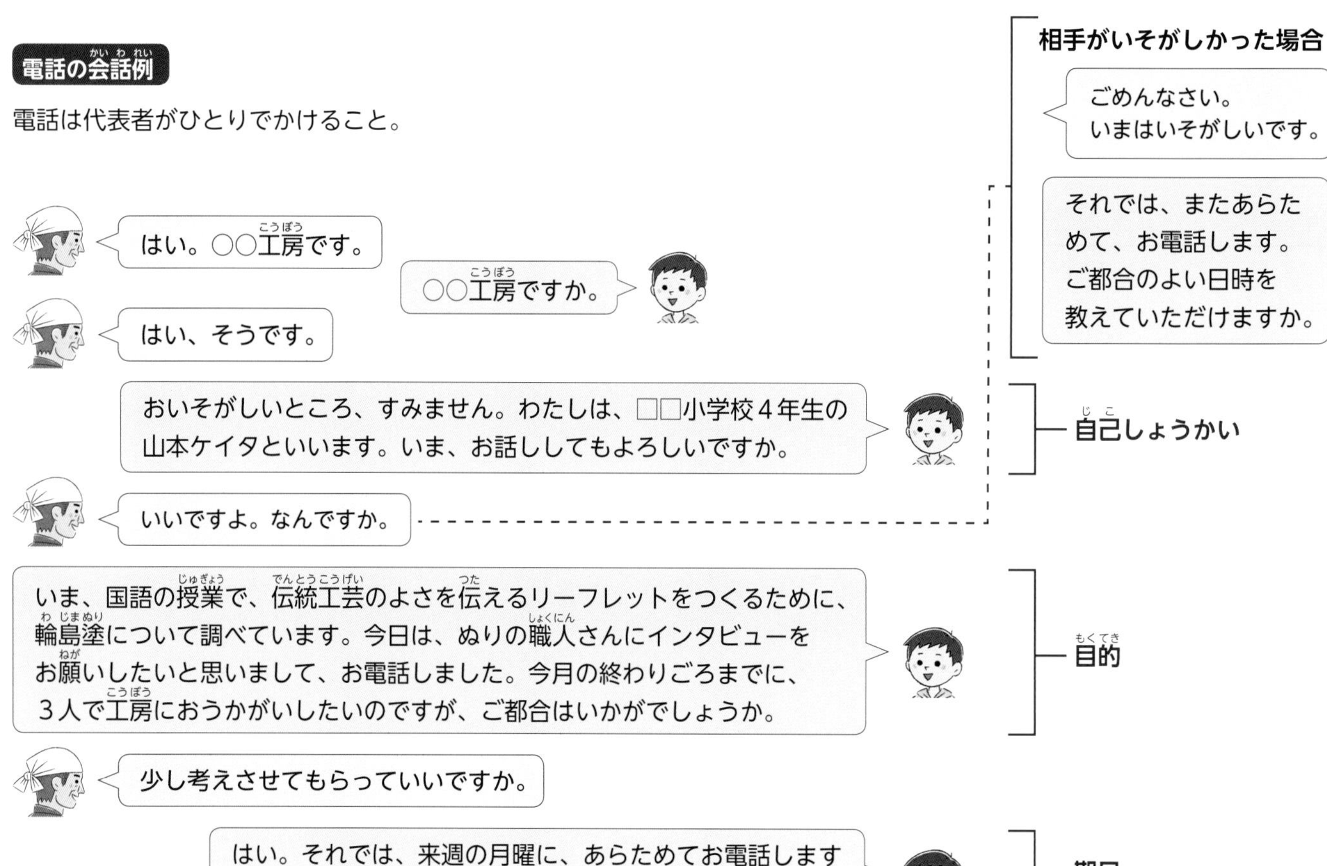

●Eメールの送りかた

工房の電話番号がわからないときなどには、ホームページにある「問い合わせフォーム」やEメールで用件を伝える方法があります。前もって、くわしい質問内容などを、相手に送っておくとよいでしょう。

書いたら、
まちがいがないか
読み直そう！

Eメールの文例

Eメールは、代表者がひとりで送ること。

件名：インタビューのお願い（□□小学校）

○○工房御中
ご担当者様

はじめてメールをお送りします。わたしは、□□小学校４年２組の山本ケイタといいます。 ― **自己しょうかい**

いま、わたしたちは、国語の授業で、伝統工芸のよさを伝えるリーフレットをつくるために、輪島塗について調べています。
つきましては、輪島塗のぬりの職人さんにインタビューをしたいと思いまして、ご連絡しました。
今月の終わりごろまでに、３人で工房へうかがいたいのですが、ご都合はいかがでしょうか。 ― **目的**

インタビューで質問したい内容は、仕事のやりがいや、たいへんなこと、伝統を守るためのとりくみなどです。また、職人さんのお仕事の様子の写真もとらせていただきたいと考えています。 ― **インタビューの内容**

インタビューを受けていただけるかどうかを、１週間後の10月5日までに、お返事をいただけませんでしょうか。 ― **期日**

おいそがしいところ申しわけありませんが、どうぞよろしくお願いいたします。

山本ケイタ
□□小学校　電話：000-000-0000
ファクシミリ：000-000-0000
メールアドレス：aashou@zzz.lg.jp
― **連絡先**

質問内容はかじょう書きにしてもわかりやすい。

●インタビューの練習

取材の日時が決まったら、その日までに、質問のしかたを練習しておくとよいでしょう。友だちや先生にインタビュー相手の役をしてもらい、じっさいに質問をします。話すスピードや質問の内容について、意見をもらいます。

数人でインタビュー取材に行く場合は、全員の質問を整理して、同じ質問を何度もしないようにしておきます。

フィールドワークで調べる③

さつえいの準備をしよう!

伝統工芸のよさを伝えるリーフレットには、どんな写真をのせるといいでしょうか。わかりやすい写真のとりかたを練習しておきましょう。

◆ さつえいする準備

リーフレットにのせる写真は、それぞれの伝統工芸のよさやみりょくを伝えるために重要です。文章だけでは伝わりづらいものでも、写真が１まいあるだけで、すぐに伝わることもあります。見る人に伝わる効果的な写真をのせるには、写真のとりかたも大切です。

インタビューのときには、工房や職人さんの仕事の様子もさつえいさせてもらうようにしましょう。インタビューを申しこむときに、写真のさつえいについても、お願いしておきます。当日までに、さつえいの準備をしておきましょう。デジタルカメラやタブレットＰＣのつかいかただけでなく、何をどんなふうにさつえいするかということも考えておきます。

●さつえいの練習をしておこう

デジタルカメラやタブレットＰＣでさつえいするときは、**持ちかた**が大切です。シャッターをおしたときに、デジタルカメラやタブレットＰＣが動かないような持ちかたをします。インタビューの日までに、じっさいにさつえいをしてみるなど、練習をしておくとよいでしょう。

ズーム機能をつかうと手ブレのえいきょうがでやすいので、できるだけ近くでさつえいさせてもらいます。また、仕事の様子をとるときには、フラッシュをつかえないこともあります。デジタルカメラやタブレットＰＣの基本的なつかいかたは、事前におぼえておきましょう。

デジタルカメラか、タブレットＰＣは、つかいやすいほうを選びます。

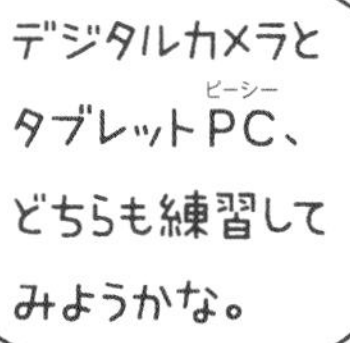

デジタルカメラ

デジタルカメラには、いろいろな形や大きさのものがありますが、注意することは同じです。

●カメラの持ちかた
右手でカメラをしっかり持ち、左手はそえる。
わきをしめてひじから上を固定させ、かまえる。

●シャッターを切るとき
シャッターボタンを半分だけおして、ピントが合ってから、ボタンをおし切るようにする。

タブレットＰＣ

タブレットＰＣのカメラ機能をつかって、さつえいします。レンズがよごれやすいので、きれいにふいてからさつえいします。

●タブレットの持ちかた
両手で持ち、わきをしめる。

●アップでとるか、ルーズでとるか

写真のとりかたは、目的によってちがいます。たとえば職人さんの技術を伝えたいとき、作業中の手元の写真をアップで見せるほうが、伝わります。逆に、職人さんたちがはたらいている様子を見せるには、工房全体をさつえいします。

このように、さつえいのときには、細かい部分を伝えられる「**アップ**」と、広いはんいの様子を伝えられる「**ルーズ**」を意識します。さつえいしたいものについて、アップとルーズのどちらがよいかを、前もって考えておくとよいでしょう。わからないときは、両方をさつえいしておくようにします。

●作品のさつえいには注意が必要

インタビューの日には、職人さんの作品も見せてもらえるかもしれません。作品を見せてもらうときには、むやみにさわったり、動かしたりしないようにしましょう。そして、さつえいするときには、さつえいしてもよいかをかくにんします。

ものを自然な色で、せんさいな細工まできれいにさつえいすることはむずかしいので、伝えたいみりょくによっては、本やウェブサイトなどからさがしたほうがよい場合もあります。写真は、伝えたい伝統工芸のみりょくに合わせて選ぶようにしましょう（➡33ページ）。

とりたい写真リストの例

アップ	ルーズ
・手元の作業 ・とくちょう的な工程 ・つかう道具 ・作業台の様子 ・職人さんの顔 ・使用する設備	・工房（外からとる） ・工房の作業場全体

アップでとる 手元の作業

◀職人さんの手元をうつす。

ルーズでとる 作業場全体

▲作業場全体をうつす。

フィールドワークで調べる④ 話を聞こう！

取材当日は、時間におくれないよう、よゆうをもって工房に行きます。大きな声で、はっきりと質問するようにしましょう。

◆ 当日の持ち物

インタビューでは、相手の話を聞きながらメモをとります。話を録音できるレコーダーがあると、あとで聞けるので安心です。写真をとる場合は、デジタルカメラかタブレットＰＣを用意します。

1. **メモ帳またはノート**
2. **筆記用具**
3. **質問内容をまとめたもの**
4. **デジタルカメラまたはタブレットＰＣ**
5. **レコーダー**

このほか、これまでに調べた内容をまとめたものがあると、見学のときにかくにんできます。

◆ インタビューをはじめる前に

工房についたら、まずはあらためて**自己しょうかい**をし、インタビューを引き受けてくれた**お礼**をいいます。相手の都合にもよりますが、インタビューの前に、仕事の様子を見せてもらえると、質問しやすくなるでしょう。

録音する場合には、インタビューをはじめる前に、「録音してもよろしいですか」と、かならず相手にかくにんします。

◆ 相手の話を聞く

質問は、用意したものを順にしていきます。相手が聞きとりやすいよう、大きな声で話しましょう。ていねいなことばづかいで話すことも、わすれてはいけません。ただ質問内容を読みあげるのではなく、相手の目を見て話すことが大切です。相手が質問に答えているときも、相手の目をよく見て聞きます。追加の質問もできるように、質問係もメモをとりながら話を聞きます。

聞きとれなかったときには「すみませんが、もう一度お願いします」と、その場で聞き直します。意味がよくわからないときには「〇〇というのは、どういう意味ですか」と、たしかめます。

話を聞きだすコツ

- **聞き直す。**
- **たしかめる。**
- **わからないことをたずねる。**

◆ 相手の話をメモする

質問係が質問しているあいだ、メモ係が中心となってインタビュー相手の話をメモします。話していることをそのまま書くことはできないので、**キーワード**となることばをメモして、それにつけ加える形でメモをするとよいでしょう（➡30ページ）。メモ係も、ずっと下を見てメモをするのではなく、相手の顔を見て、しっかりと話を聞きます。

カメラ係は、インタビュー相手に「さつえいしてもよろしいですか」とかくにんをしたうえで、さつえいをします。インタビュー中は、話を聞くことが中心になるため、さつえいする写真も少なくなります。カメラ係も、メモ係と同じように、インタビュー相手の話を聞きながらメモをとるようにしましょう。

インタビュー後のお礼

インタビューが終わったら、その場でていねいにお礼をします。そのあとに、お礼の手紙を書きます。感想なども、具体的に書くようにします。これまでに調べた内容をまとめたリーフレットができたら、リーフレットを送って、あらためてお礼をしましょう。

お礼の手紙の例

（横書きの場合）
※たて書きと横書きでは、日付や相手の名前の位置がことなるので注意。

令和○年10月20日	**日付**
○○漆器工房 ○○△△様	**相手の名前**
秋晴れのさわやかな日がつづいておりますが、○○さんはお元気ですか。先週、お話を聞きにうかがった、□□小学校の山本ケイタです。	**初めのあいさつ**
このあいだは、おいそがしいところ、わたしたちのためにお時間をとってくださいまして、ありがとうございました。	**お礼**
輪島塗が長いあいだ受けつがれてきた理由が、よくわかりました。そして、職人さんたちの仕事が、とてもていねいで時間がかかっていて、根気のいる作業であることに、おどろきました。それが、輪島塗のみりょくをつくっているのは、まちがいありません。 教えていただいたお話をもとに、リーフレットをつくります。できあがりましたら、ぜひ見ていただきたいと思います。	**感想・お知らせなど**
このたびは、ほんとうにありがとうございました。 これからも、お体に気をつけて、輪島塗の伝統を守ってください。	**結びのあいさつ**
□□小学校　４年２組 山本ケイタ	**自分の名前**

フィールドワークで調べる⑤　整理しよう！

フィールドワークが終わったら、早めにインタビューの内容を整理します。事前に調べたことと合わせて、みりょくを選びましょう。

メモをおぎなう

　インタビューの内容は、時間がたつとわすれてしまうので、すぐに整理するようにします。メモ係のメモをもとに、質問係やカメラ係のメモを見直し、録音した音声を聞き直して、足りないところをおぎないます。

　内容の整理は、3人がそれぞれでおこないます。整理のしかたによって、よさを伝える文章の内容がかわってくるからです。

インタビューメモの例　質問内容はメモ用紙に書いておくとよい。メモは速く書くため、ひらがなでもよい。

・職人になった理由
父－下地のしょくにん
母－実家　外箱をつくる

ものをつくる　得意

高校→そつぎょうして→修業（仕事／ざつよう）
塗師屋
ぬし屋さん　親方
3年～4年　ねんき

ちんきん屋さん／まきえしさん　持っていく→輪島の文化
木地屋さん　とりにいく→輪島の文化

お客さまとのはしわたし

・うれしいこと
親方－「売れたぞ」
お客さま
ほめられたらうれしい

・伝統を守るために
山と谷
いまは谷

・やめる人を0に
・若手の育成
輪島の力
技術がすたれるのをふせぐ

◆みりょくを選ぶ

インタビューメモと事前に調べたことのなかから、何をみりょくとしてとりあげるかを決めます。自分が伝えたいことや大切だと思うことをしぼりこむのです。伝えたいことがたくさんあっても、短い文章のなかですべてを入れることはできません。二つか三つほどにポイントをしぼって、伝える必要があります。ここで選んだ事がらが、伝統工芸のよさを伝える文章の中心になります。

みりょく　みりょく　みりょく

事前に調べたこと

輪島塗

とくちょう

- 漆器
- 100以上の工程
- 金や銀を用いた加飾
- 輪島地の粉→下地
- とてもじょうぶで、美しい

産地

- 石川県輪島市―能登半島
- 湿気が多くうるしがかわきやすい

歴史

- 鎌倉時代から室町時代
- 北前船
- 塗師屋―輪島塗の技術向上

道具

- かんな…木地師
- へら…塗師
- 沈金のみ…沈金師

つくりかた

- 100以上の工程
- せんもんの職人
- 木地師…椀木地、指物木地、曲物木地、朴木地
- 塗師…中ぬり、上ぬり
- 蒔絵師
- 沈金師
- 呂色師
- 箱屋…外箱をつくる

調べたことを文章にまとめる①

組み立てよう！

伝えたいことが決まったら、説明する文章を組み立てます。
文章に合わせて、写真や絵をどのようにつかうかも考えましょう。

調べたことを文章にまとめるには？

❶ 組み立てよう！…まずは、文章の組み立てを考える。
↓
❷ 友だちの意見を聞こう！…組み立てメモを友だちと見せ合う。
↓
❸ 問題点を見つけよう！…例文を読んで、問題点を見つける。
↓
❹ 表現を知ろう！…例文を読んで、わかりやすい表現を知る。

◆ 組み立てメモをつくろう

本やウェブサイト、またはフィールドワークで調べたことをもとに、選んだ伝統工芸のよさを説明する文章にまとめます。文章は、「**はじめ**」「**中**」「**終わり**」という組み立てにします。それぞれの役割は、つぎのとおりです。

◆はじめ
これから何について説明するのかを、読者に伝える。選んだ伝統工芸がどんなものなのかを、かんたんに説明する。

◆中
説明する内容を書く。みりょくを整理して、伝えたいものを選び、それぞれの理由や例をあげながら具体的に説明する。

◆終わり
文章全体のまとめを書く。選んだ伝統工芸についての感想や、今後の希望や目標などを書いてもよい。

●みりょくの順番も大切

文章の「中」の部分で、選んだ伝統工芸のみりょくを伝えるには、**説明の順番**も大切です。たとえば、博多織のみりょくについて、「つかいやすさ」と「美しさ」を選んだとします。つかいやすいうえに美しいのか、それとも、美しいだけでなくつかいやすいのか、どちらの順番で説明するかによって、読者にあたえるイメージもかわるからです。

自分がいちばん伝えたいことは何かを考えながら、組み立てていきましょう。

みりょく1
つかいやすさ

みりょく2
美しさ

みりょく1
美しさ

みりょく2
つかいやすさ

●写真や絵のつかいかた

リーフレットでは、文章だけではなく、**写真**や**絵**をつかって、選んだ伝統工芸のイメージを読者に伝えます。伝統工芸の写真をただならべるだけではなく、説明する内容に合わせて何をのせるかを決めていきます。つくりかたの説明をするなら、つくっている職人さんのすがたや手元の写真がよいでしょう。自分でさつえいした写真のほか、本やウェブサイトにのっているものをつかいます（➡41ページ）。文様やしくみなど、写真で見せにくいものは、絵をかいてのせるのも効果的です。

写真①

写真②

絵①

写真③

組み立てメモの例

ここでは、20ページで整理した、博多織の例をしょうかいする。

はじめ	博多織の説明 絹織物の一つである。
中	**みりょく1　生地があつい** ・一度しめるとゆるみにくい。 ・着物の帯としてつかわれる。（写真①） ・江戸時代には、刀をさす武士がつかった。（絵①） **みりょく2　うきでるもよう** ・太いよこ糸を強くうちこむ。（写真②） ・もように意味がある。（写真③）
終わり	まとめ

調べたことを文章にまとめる②

友だちの意見を聞こう！

組み立てが決まったら、つぎは説明する文章を書くことになります。書きはじめる前に、友だちに組み立てメモを見てもらうとよいでしょう。

◆ 組み立てメモで気づくこと

どうすればわかりやすいか、よく考えて書いた組み立てメモでも、ほかの人が読むとわかりにくい場合があります。選んだ伝統工芸について、たくさん調べると、自分でわかっていることと、読者がわからないことのあいだに差ができてしまうことなどが原因です。

説明する文章を書きはじめる前に、友だちと組み立てメモを見せ合って、おたがいに気づいたことを話してみましょう。そうすると、自分では気づかないような、読者にとってわかりにくい部分を、教えてもらえることがあります。また、友だちと話し合うことで、わかりやすくする工夫について、考え直すこともできます。

◆ 説明する文章を書く

組み立てメモの見直しが終わったら、考えた組み立てにそって、説明する文章を書きます。文章全体の文字量は、リーフレットの紙の大きさに合わせて考えます。学校で決まりがある場合は、それにしたがいます。

組み立てでは、中の部分がいちばん長くなります。伝えたいみりょくをならべるだけではなく、どうしてそれをみりょくと思うのか（理由）や、こんなつかいかたをするなどという例も書きます。伝えたいことと、理由や例とのつながりがわかるようにしましょう。

●リーフレットのページ構成

ここで、リーフレットの構成について、かくにんしておきましょう。リーフレットは、Ａ４サイズ（210×297ミリメートル）、またはＢ４サイズ（257×364ミリメートル）の用紙を、二つ折りにしてつくります。文章をたて書きにするか、横書きにするかで、表紙の位置がかわります。説明する文章を清書するときには、注意しましょう。

文章と写真の
おきかたも、
工夫してみよう。

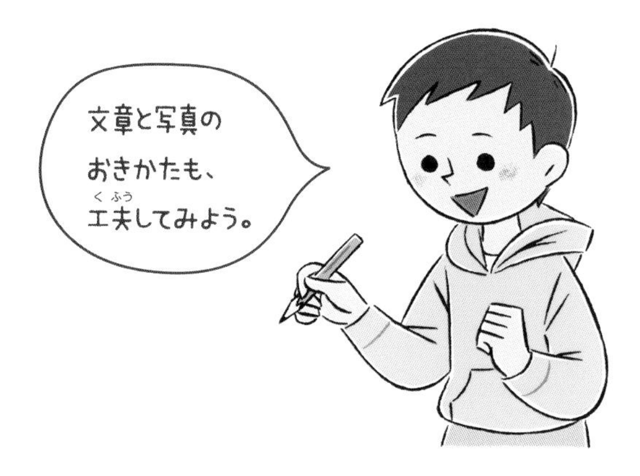

たて書きの場合

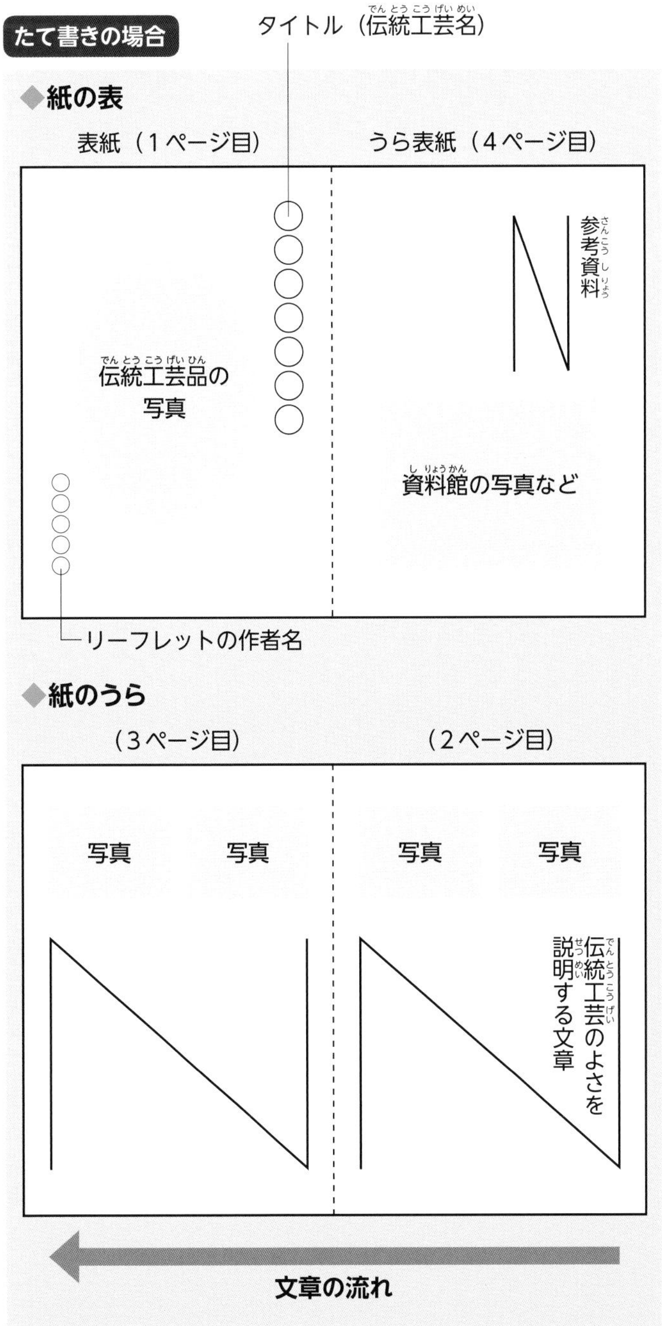
タイトル（伝統工芸名）
◆紙の表
表紙（１ページ目）
うら表紙（４ページ目）
参考資料
伝統工芸品の
写真
資料館の写真など
リーフレットの作者名
◆紙のうら
（３ページ目）
（２ページ目）
写真
写真
写真
写真
伝統工芸のよさを説明する文章
文章の流れ

▲写真は文章の流れに合わせてならべるとよい。

横書きの場合

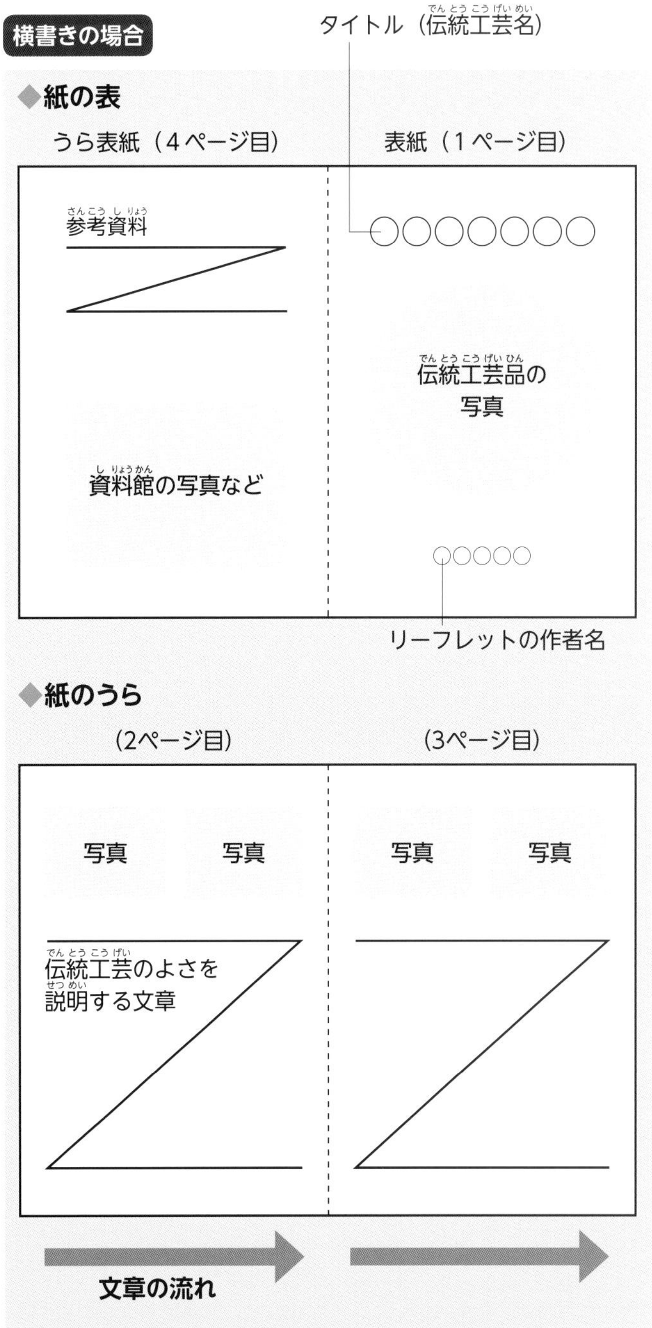
タイトル（伝統工芸名）
◆紙の表
うら表紙（４ページ目）
表紙（１ページ目）
参考資料
伝統工芸品の
写真
資料館の写真など
リーフレットの作者名
◆紙のうら
（2ページ目）
（3ページ目）
写真
写真
写真
写真
伝統工芸のよさを
説明する文章
文章の流れ

▲２ページ目に文章、３ページ目に写真という構成にもできる。

調べたことを文章にまとめる③

問題点を見つけよう！

ここからは、伝統工芸のよさを説明する文章の例をいくつか見てみます。文章を読んで、どんなところがわかりづらいか、考えてみましょう。

◆ 文章を読み直す

文章は書き終えたら、**何度も読み直して**わかりにくいところがないか、たしかめます。読みにくい文章やわかりにくい文章には、右のような問題点があげられます。

問題点をふまえて、例文を読んでみましょう。どこがおかしいのか、どうやったらわかりやすくなるのかを考えます。

- 理由や例がわかりにくい。
- ひとつの文が長い。
- 主語と述語が合っていない。
- 読点を打つところがちがう。
- 改行するところがちがう。
- 漢字をまちがえている。

例文1　博多織のみりょく

はじめ

博多織は、福岡県でつくられている絹織物です。❶織物は、たて糸とよこ糸を組み合わせてつくったもので、絹は、カイコのまゆでつくった糸で、絹の糸を織ったものが絹織物です。ここでは、博多織のみりょくについて、しょうかいします。

中

❷博多織のみりょくは、「生地があつい」ところです。❸たくさんの糸をつかって織るため、じょうぶではりがある博多織は、着物の帯としてつかうのにむいています。❹江戸時代には、武士が刀をさすのにつかっていました。❺❻もう一つのみりょくは、「うきでるもよう」がみりょくです。博多織は、織るときに太いよこ糸を強くうちこむことで、もようがうきでてきます。❼細かい図形がたくさんならんだもようは、献上柄といって、いろいろな意味があるところがおもしろいです。

終わり

このように、博多織は昔からの伝統を守ってつくられつづけているのです。

❶ 一つの文には一つのことを書く

絹織物の説明が長すぎます。一つの文で、三つのことを説明しようとしています。一つの文には一つのことを書くようにすると、わかりやすいでしょう。

主語　述語

1　織物は　たて糸とよこ糸を組み合わせてつくったものです。
2　絹は　カイコのまゆでつくった糸です。
3　絹の糸を織ったものが　絹織物です。

↓ 前の文章を受けて、「絹織物は」を主語にしてみると……

絹織物は　カイコのまゆからつくった糸をつかった織物です。

❷ 同じことばのくり返しを少なくする

前の段落の最後の文章のくり返しになります。
「その一つは」とすると、すっきりします。

❸ 一文はできるだけ短くする

主語の「博多織は」にかかることばが多すぎます。一度に説明しようとせず、できるだけ一つの文は短くしましょう。

❹ 伝聞の表現をつかう

江戸時代のことなので、じっさいに見たわけではありません。伝え聞いた話の場合は、「〜だそうです。」という表現をつかうとよいでしょう。

❺ 段落を分ける

二つ目のみりょくについて説明するときのように、話の内容がかわるときには、段落を分けます。これを「改行する」といいます。

❻ 主語と述語を合わせる

この文章では、主語と述語がおかしくなっています。

主語　述語

もう一つのみりょくは　「うきでるもよう」がみりょくです。

主語と述語の両方に「みりょく」が入っていますが、どちらか一つでじゅうぶんです。また、最初にみりょくが二つあることを伝えていないため、「もう一つの」というのは、とうとつです。

↓

また、「うきでるもよう」もみりょくの一つです。

❼ 正しい情報を伝える

「献上柄」というむずかしいことばがでてきますが、説明が足りないようです。細かい図形がたくさんならんだもようは、「きかがくもよう」には当てはまりますが、献上柄の説明とはいえません。
読者がまちがえておぼえてしまうようなことは書かないように注意しましょう。

調べたことを文章にまとめる④

表現を知ろう！

わかりやすく書いた文章を見て、工夫しているところを見つけましょう。
説明する文章につかうと便利なことばもしょうかいします。

◆ 要点をわかりやすく

説明する文章では、自分が伝えたいことを読者にわかりやすい表現で書くことがもとめられます。わかりやすい文章は、よく整理されているので、要点をまとめやすいものです。文章を読み直すときには、例をいくつあげているか、理由はわかりやすいかなどを、かくにんします。

例文2 **博多織のみりょく**

はじめ	❶博多織は、福岡県でつくられている絹織物です。絹織物というのはカイコのまゆからつくる糸をつかった織物です。絹織物は全国でつくられていますが、ここでは、博多織のみりょくを❷二つしょうかいします。
中	❷一つ目は、「生地があつい」ところです。これは、全国の絹織物のなかでも、めずらしいとくちょうです。ふつうの絹織物は、うすい生地にしあげることが多い❸からです。博多織があついのは、たくさんの糸をつかって織るためで、じょうぶではりがあり、着物の帯としてつかうのにむいています。一度しめるとゆるみにくいため、❹たとえば江戸時代には、武士が刀をさすのにつかったそうです。 ❷もう一つのみりょくは、「うきでるもよう」です。博多織は、先に糸を染めてから織る方法でつくります。織るときに、よこ糸を強くうちこむことで、もようがうきでてきます。細かい図形がたくさんならんだ伝統的なもようには、それぞれに意味があります。
終わり	❺このように、博多織は昔からの伝統を守ってつくられつづけているのです。

❶ 伝統工芸について、かんたんな説明を入れる

その伝統工芸を知らない人のために、産地や、どんな伝統工芸なのかを、かんたんに説明すると、読者にイメージがわきます。

❷ しょうかいするみりょくの数を伝える表現

最初に「二つしょうかいします」と書くことで、読者の心構えができます。このあと、「一つ目は～」「もう一つは」などと、一つずつしょうかいすることで、要点がわかりやすくなります。このほかの表現としては、つぎのものがあります。

・～をしょうかいします。
　まず、～。つぎに、～。
・～をしょうかいします。
　その一つは、～。また、～。
・～をしょうかいしましょう。
　一つ目は、～。二つ目は、～。

❸ 理由をのべるときの表現

理由を説明するときには、「～からです。」と書きます。理由であることがわかりやすくなります。このほかの表現としては、つぎのものがあります。

・その理由は、～だからです。
・～のためです。

❹ 例をあげるとき

例をあげて説明するときには、「たとえば」をつかいます。

❺ 文章をまとめるときにつかう表現

文章をまとめるときには、「このように、」ということばをつかって、いままでの説明を受けてからつづけます。考えをあらわすことばには、ほかにつぎのようなものがあります。

・どちらが～かというと
・～の点では～
・もし～なら
・まとめると
・つまり
・たとえ～だとしても
・～によると
・～にちがいない

●伝統工芸のとくちょうをあらわす

１～６巻の伝統工芸の説明文では、いろいろなことばで伝統工芸のとくちょうをあらわしていました。**物事の様子をあらわすことば**は、たくさんあります。その一部をしょうかいします。選んだ伝統工芸のとくちょうをあらわすのに、ぴったりなことばをさがしてみましょう。意味やつかいかたがわからないときは、**国語辞典**で調べて、新しいことばを身につけてください。

物事の様子をあらわすことば

・きれい　・めずらしい　・細かい
・人気のある　・りっぱ　・便利　・役立つ
・大切　・ていねい　・美しい
・どっしりとした　・とくべつ　・すばらしい
・二つとない　・親しみのある　・たしか
・ゆたか　・くらべものにならない　・力強い
・はげしい　・あざやか　・はなやか
・ひょうばんがいい　・すぐれた　・しっくり

リーフレットの完成①

構成を考えよう！

説明する文章ができたら、リーフレットも完成間近です。
ここでは、横書きのリーフレットの例をしょうかいします。

リーフレットの構成

リーフレットは、表紙を１ページ目として、うら表紙は４ページ目となります。文章と写真や絵が入るページは、２ページ目と３ページ目です。

表紙には伝統工芸の名前と、写真か絵、それからリーフレットの作者名が入ります。うら表紙には、伝統工芸をしょうかいするしせつの情報などを入れます。参考資料は、文章のあとか、うら表紙に入れるようにします。

リーフレットの例　博多織のみりょく

表紙（１ページ目）

（２ページ目）

写真①
博多帯をしめている人。

写真②
手織りの様子。

博多織は、福岡県でつくられている絹織物です。絹織物というのはカイコのまゆからつくる糸をつかった織物です。絹織物は全国でつくられていますが、ここでは、博多織のみりょくを二つしょうかいします。

一つ目は、「生地があつい」ところです。これは、全国の絹織物のなかでも、めずらしいとくちょうです。ふつうの絹織物は、うすい生地にしあげることが多いからです。博多織があついのは、たくさんの糸をつかって織るためで、じょうぶではりがあり、着物の帯としてつかうのにむいています。一度しめるとゆるみにくいため、たとえ

伝統工芸の名前は、大きく入れる。

わかりやすい写真

リーフレットの作者名

文章は、ていねいな文字で読みやすく書く。

写真や絵には、何かわかるように説明を入れる。

引用するときの注意

ほかの人が話したことや、本などに書かれていることを、自分の書く文章のなかでつかうことを、**引用**といいます。引用するときには、つぎのことに気をつける必要があります。

❶**かぎ**「　」に入れるなどして、自分の文章と区別すること。
❷元のことばや文を、表現をかえずにそのままのせること。
❸どこから引用したのかが、わかるようにすること。

また、本やウェブサイトの写真をリーフレットで使用する場合にも、どこに掲載されていた写真なのかがわかるようにしておきます。

参考資料のまとめかた

本やウェブサイトを参考にした場合には、文章のあとなどに**参考資料**をまとめます。参考にした資料の種類によって、書く内容がちがいます。書名や見出しなどを**かぎ**「　」に入れて、わかるようにします。

●本の場合
著者名（監修者）・「書名」・出版社、出版年、ページ数

●ウェブサイトの場合
著者名・ウェブサイト名（URL）

本の書名や出版社名をかくにんするときには、本の終わりのほうにある**奥付**をかくにんします。奥付には、その本の書名や作者・筆者名、発行年、発行所などがまとめてあります。発行所は、出版社のことです。

※書名には、2重かぎ『　』をつかうこともあります。

（3ページ目）

博多帯をしめる武士。

伝統的なもよう。　写真③

ば江戸時代には、武士が刀をさすのにつかったそうです。

もう一つのみりょくは、「うきでるもよう」です。博多織は、先に糸を染めてから織る方法でつくります。織るときに、よこ糸を強くうちこむことで、もようがうきでてきます。細かい図形がたくさんならんだ伝統的なもようには、それぞれに意味があります。

このように、博多織は昔からの伝統を守ってつくられつづけているのです。

2ページ目と3ページ目のあいだには、スペースを多くとる。ここがくっつきすぎると、文章が読みにくくなる。

（4ページ目）

〈参考資料〉
伝統的工芸品産業振興協会監修「ポプラディア情報館　伝統工芸」ポプラ社、2006年
秋山仁ほか監修「総合百科事典ポプラディア新訂版」ポプラ社、2011年
寺本潔監修「ポプラディアプラス日本の地理6　九州地方」ポプラ社、2020年
福岡県観光連盟　福岡県伝統的工芸品〜現代に息づく匠の技〜（https://www.crossroadfukuoka.jp/traditionalcrafts/）

〈引用〉
写真①〜③　博多織工業組合ウェブページ（https://hakataori.or.jp/）

博多織資料館

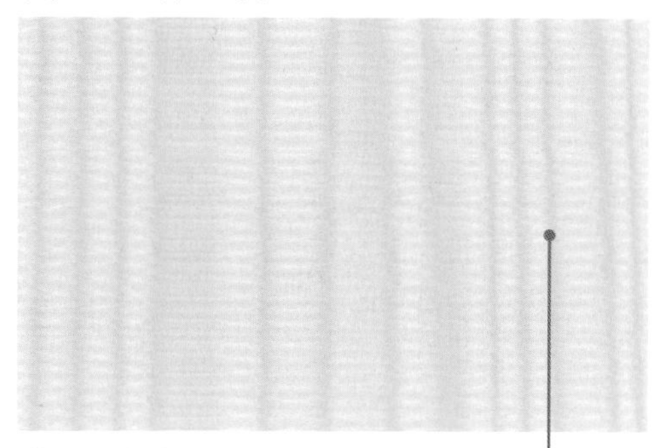

場所：〇〇〇〇〇〇〇〇〇〇
休館日：〇〇〇〇〇〇〇

参考にした本の書名やウェブサイトの名前などを入れる。文章の最後でもよい。

伝統工芸の資料館があれば、しょうかいする。インタビューを受けてくれた職人さんの工房でもよい。

リーフレットの完成②

友だちと話し合おう！

ようやくリーフレットができあがりました。
友だちと読み合って、どこがわかりやすいか、話し合いましょう。

◆わかりやすく書けているか

リーフレットができあがったら、友だちに読んでもらいましょう。友だちのつくったリーフレットも読ませてもらいます。そして、おたがいに、**わかりやすく書けているところ**を、理由といっしょに伝えます。たとえば、「その理由は、～だからです。」という表現をつかっているから理由だということがわかりやすい、伝統工芸のとくちょうをあらわすのに「どっしり」ということばをつかっていたからイメージしやすい、などです。

ほかの人が書いた文章で、わかりやすく書けているところを見つけることで、自分の文章とくらべられます。説明する文章を書くときの工夫のしかたを身につけられます。

チェックポイント

- ☑ **選んだ伝統工芸についてくわしく調べられているか。**
- ☑ **選んだみりょくについて、それぞれ理由や例をあげて説明しているか。**
- ☑ **写真や絵は、伝統工芸のみりょくを説明するために生かされているか。**
- ☑ **表紙の伝統工芸名などが目立つように工夫されているか。**

選んだみりょくの数が
さいしょに書いてあるから、
わかりやすいね。

みりょくの理由に
なっとくしたよ。

●4人一組で読み合う

友だちと1対1ではなく、4人一組など、チームをつくって読み合うと、いろいろな感想を聞くことができます。ひとりが書いたリーフレットを3人が読んで、3人がそれぞれ、わかりやすく書けているところを言います。大きめのふせんなどに、どこがわかりやすいかを書いて、作者にわたしてもいいでしょう。

ふせんの例

伝統工芸の説明が、
短い文で
わかりやすく
まとめられていた。

アップとルーズの
写真が
両方のっていて
わかりやすかった。

アップとルーズの
写真が
両方のっていて
わかりやすかった。

博多帯をしめている人。 写真①

手織りの様子。 写真②

伝統工芸の説明が、
短い文で
わかりやすく
まとめられていた。

博多織は、福岡県でつくられている絹織物です。絹織物というのはカイコのまゆからつくる糸をつかった織物です。絹織物は全国でつくられていますが、ここでは、博多織のみりょくを二つしょうかいします。

一つ目は、「生地があつい」ところです。これは、全国の絹織物のなかでも、めずらしいとくちょうです。ふつうの絹織物は、うすい生地にしあげることが多いからです。博多織があついのは、たくさんの糸をつかって織るためで、じょうぶではりがあり、着物の帯としてつかうのにむいています。一度しめるとゆるみにくいため、たとえば江戸時代には、武士が刀をさすのにつかったそうです。

博多帯をしめる武士。

伝統的なもよう。 写真③

もう一つのみりょくは、「うきでるもよう」です。博多織は、先に糸を染めてから織る方法でつくります。織るときに、よこ糸を強くうちこむことで、もようがうきでてきます。細かい図形がたくさんならんだ伝統的なもようには、それぞれに意味があります。

このように、博多織は昔からの伝統を守ってつくられつづけているのです。

みりょくの理由が
わかりやすかった。

みりょくの理由が
わかりやすかった。

わかりやすいと
ほめてもらえると
うれしい。
文章で伝えることって
おもしろいね！

業種別 伝統的工芸品一覧

ここでは、国に指定されている伝統的工芸品をまとめてかくにんできます。
1巻から6巻でしょうかいしている伝統的工芸品については、それぞれの巻とページをしめしています。

業種	品目名	
織物［38品目］	二風谷アットゥシ（北海道）	➡1巻40ページ
	置賜紬（山形県）	➡1巻16ページ
	羽越しな布（山形県・新潟県）	➡1巻42ページ
	奥会津昭和からむし織（福島県）	➡1巻28ページ
	結城紬（茨城県・栃木県）	➡1巻18ページ
	桐生織（群馬県）	➡1巻20ページ
	小千谷縮（新潟県）	➡1巻30ページ
	近江上布（滋賀県）	➡1巻32ページ
	西陣織（京都府）	➡1巻22ページ
	弓浜絣（鳥取県）	➡1巻34ページ
	阿波正藍しじら織（徳島県）	➡1巻36ページ
	博多織（福岡県）	➡1巻12ページ
	本場大島紬（鹿児島県・宮崎県）	➡1巻24ページ
	久米島紬（沖縄県）	➡1巻26ページ
	八重山ミンサー（沖縄県）	➡1巻38ページ
	伊勢崎絣（群馬県）	
	秩父銘仙（埼玉県）	
	村山大島紬（東京都）	
	本場黄八丈（東京都）	
	多摩織（東京都）	
	塩沢紬（新潟県）	
	小千谷紬（新潟県）	
	本塩沢（新潟県）	
	十日町絣（新潟県）	
	十日町明石ちぢみ（新潟県）	
	牛首紬（石川県）	
	信州紬（長野県）	
	久留米絣（福岡県）	
	宮古上布（沖縄県）	
	読谷山花織（沖縄県）	
	読谷山ミンサー（沖縄県）	
	琉球絣（沖縄県）	
	首里織（沖縄県）	
	与那国織（沖縄県）	
	喜如嘉の芭蕉布（沖縄県）	
	八重山上布（沖縄県）	
	知花花織（沖縄県）	
	南風原花織（沖縄県）	
染色品（染物）［13品目］	東京手描友禅（東京都）	➡2巻16ページ
	有松・鳴海絞（愛知県）	➡2巻18ページ
	京友禅（京都府）	➡2巻12ページ
	琉球びんがた（沖縄県）	➡2巻20ページ
	東京染小紋（東京都）	
	東京無地染（東京都）	
	加賀友禅（石川県）	
	名古屋友禅（愛知県）	
	名古屋黒紋付染（愛知県）	
	京鹿の子絞（京都府）	
	京小紋（京都府）	
	京黒紋付染（京都府）	
	浪華本染め（大阪府）	
その他の繊維製品［5品目］	行田足袋（埼玉県）	➡2巻22ページ
	加賀繍（石川県）	➡2巻24ページ
	伊賀くみひも（三重県）	➡2巻26ページ
	京繍（京都府）	
	京くみひも（京都府）	
陶磁器（焼き物）［32品目］	九谷焼（石川県）	➡3巻16ページ
	美濃焼（岐阜県）	➡3巻18ページ
	四日市萬古焼（三重県）	➡3巻20ページ
	信楽焼（滋賀県）	➡3巻22ページ
	備前焼（岡山県）	➡3巻24ページ
	萩焼（山口県）	➡3巻26ページ
	砥部焼（愛媛県）	➡3巻28ページ
	大谷焼（徳島県）	➡3巻30ページ
	伊万里・有田焼（佐賀県）	➡3巻12ページ
	三川内焼（長崎県）	➡3巻32ページ
	大堀相馬焼（福島県）	
	会津本郷焼（福島県）	
	笠間焼（茨城県）	
	益子焼（栃木県）	
	越前焼（福井県）	
	常滑焼（愛知県）	
	赤津焼（愛知県）	
	瀬戸染付焼（愛知県）	
	三州鬼瓦工芸品（愛知県）	
	伊賀焼（三重県）	
	京焼・清水焼（京都府）	
	丹波立杭焼（兵庫県）	
	出石焼（兵庫県）	
	石見焼（島根県）	
	小石原焼（福岡県）	
	上野焼（福岡県）	
	唐津焼（佐賀県）	
	波佐見焼（長崎県）	
	小代焼（熊本県）	
	天草陶磁器（熊本県）	
	薩摩焼（鹿児島県）	
	壺屋焼（沖縄県）	
漆器［23品目］	津軽塗（青森県）	➡4巻16ページ
	秀衡塗（岩手県）	➡4巻18ページ
	会津塗（福島県）	➡4巻20ページ
	鎌倉彫（神奈川県）	➡4巻22ページ
	輪島塗（石川県）	➡4巻12ページ
	若狭塗（福井県）	➡4巻24ページ
	木曽漆器（長野県）	➡4巻26ページ
	紀州漆器（和歌山県）	➡4巻28ページ
	浄法寺塗（岩手県）	
	鳴子漆器（宮城県）	
	川連漆器（秋田県）	
	小田原漆器（神奈川県）	
	村上木彫堆朱（新潟県）	
	新潟漆器（新潟県）	
	高岡漆器（富山県）	
	山中漆器（石川県）	
	金沢漆器（石川県）	
	越前漆器（福井県）	
	飛騨春慶（岐阜県）	
	京漆器（京都府）	
	大内塗（山口県）	
	香川漆器（香川県）	
	琉球漆器（沖縄県）	

業種	品目名
木工品・竹工品【32品目】	岩谷堂箪笥（岩手県）➡5巻12ページ
	樺細工（秋田県）➡4巻30ページ
	大館曲げわっぱ（秋田県）➡4巻32ページ
	奥会津編み組細工（福島県）➡4巻34ページ
	箱根寄木細工（神奈川県）➡6巻40ページ
	井波彫刻（富山県）➡5巻16ページ
	松本家具（長野県）➡5巻18ページ
	一位一刀彫（岐阜県）➡5巻38ページ
	大阪唐木指物（大阪府）➡5巻20ページ
	大阪金剛簾（大阪府）➡5巻22ページ
	豊岡杞柳細工（兵庫県）➡2巻42ページ
	高山茶筌（奈良県）➡4巻38ページ
	紀州箪笥（和歌山県）➡5巻24ページ
	勝山竹細工（岡山県）➡4巻40ページ
	宮島細工（広島県）➡4巻36ページ
	別府竹細工（大分県）➡4巻42ページ
	二風谷イタ（北海道）
	仙台箪笥（宮城県）
	秋田杉桶樽（秋田県）
	春日部桐箪笥（埼玉県）
	江戸和竿（東京都）
	江戸指物（東京都）
	加茂桐箪笥（新潟県）
	越前箪笥（福井県）
	南木曽ろくろ細工（長野県）
	駿河竹千筋細工（静岡県）
	名古屋桐箪笥（愛知県）
	京指物（京都府）
	大阪欄間（大阪府）
	大阪泉州桐箪笥（大阪府）
	紀州へら竿（和歌山県）
	都城大弓（宮崎県）
金工品【16品目】	南部鉄器（岩手県）➡3巻34ページ
	燕鎚起銅器（新潟県）➡3巻36ページ
	堺打刃物（大阪府）➡3巻38ページ
	肥後象がん（熊本県）➡2巻36ページ
	山形鋳物（山形県）
	千葉工匠具（千葉県）
	東京銀器（東京都）
	東京アンチモニー工芸品（東京都）
	越後与板打刃物（新潟県）
	越後三条打刃物（新潟県）
	高岡銅器（富山県）
	越前打刃物（福井県）
	信州打刃物（長野県）
	大阪浪華錫器（大阪府）
	播州三木打刃物（兵庫県）
	土佐打刃物（高知県）
仏壇・仏具【17品目】	三河仏壇（愛知県）➡5巻26ページ
	彦根仏壇（滋賀県）➡5巻28ページ
	川辺仏壇（鹿児島県）➡5巻30ページ
	山形仏壇（山形県）
	新潟・白根仏壇（新潟県）
	長岡仏壇（新潟県）
	三条仏壇（新潟県）
	金沢仏壇（石川県）
	七尾仏壇（石川県）
	飯山仏壇（長野県）
	名古屋仏壇（愛知県）
	尾張仏具（愛知県）
	京仏壇（京都府）
	京仏具（京都府）
	大阪仏壇（大阪府）
	広島仏壇（広島県）
	八女福島仏壇（福岡県）
和紙【9品目】	美濃和紙（岐阜県）➡6巻12ページ
	石州和紙（島根県）➡6巻16ページ
	土佐和紙（高知県）➡6巻18ページ
	越中和紙（富山県）
	越前和紙（福井県）
	内山紙（長野県）
	因州和紙（鳥取県）
	大洲和紙（愛媛県）
	阿波和紙（徳島県）
文具【10品目】	雄勝硯（宮城県）➡6巻20ページ
	播州そろばん（兵庫県）➡6巻22ページ
	奈良墨（奈良県）➡6巻24ページ
	熊野筆（広島県）➡6巻26ページ
	赤間硯（山口県）➡6巻28ページ
	豊橋筆（愛知県）
	鈴鹿墨（三重県）
	奈良筆（奈良県）
	雲州そろばん（島根県）
	川尻筆（広島県）
石工品【4品目】	真壁石燈籠（茨城県）➡5巻32ページ
	出雲石燈ろう（島根県・鳥取県）➡5巻34ページ
	岡崎石工品（愛知県）
	京石工芸品（京都府）
貴石細工【2品目】	若狭めのう細工（福井県）➡2巻30ページ
	甲州水晶貴石細工（山梨県）➡2巻32ページ
人形・こけし【9品目】	宮城伝統こけし（宮城県）➡6巻30ページ
	駿河雛人形（静岡県）➡6巻32ページ
	博多人形（福岡県）➡6巻34ページ
	江戸木目込人形（埼玉県・東京都）
	岩槻人形（埼玉県）
	江戸節句人形（東京都）
	江戸押絵（東京都）
	駿河雛具（静岡県）
	京人形（京都府）
その他の工芸品【22品目】	天童将棋駒（山形県）➡6巻36ページ
	房州うちわ（千葉県）➡6巻38ページ
	江戸切子（東京都）➡3巻40ページ
	江戸からかみ（東京都）➡5巻36ページ
	越中福岡の菅笠（富山県）➡2巻38ページ
	甲州印伝（山梨県）➡2巻40ページ
	京扇子（京都府）➡2巻28ページ
	丸亀うちわ（香川県）➡6巻42ページ
	八女提灯（福岡県）➡5巻40ページ
	長崎べっ甲（長崎県）➡2巻34ページ
	三線（沖縄県）➡5巻42ページ
	江戸木版画（東京都）
	江戸硝子（東京都）
	江戸べっ甲（東京都）
	甲州手彫印章（山梨県）
	岐阜提灯（岐阜県）
	尾張七宝（愛知県）
	京うちわ（京都府）
	京表具（京都府）
	播州毛鉤（兵庫県）
	福山琴（広島県）
	山鹿灯籠（熊本県）
工芸材料・工芸用具【3品目】	金沢箔（石川県）➡3巻42ページ
	庄川挽物木地（富山県）
	伊勢形紙（三重県）

※この表は、『伝統的工芸品ハンドブック』（一般財団法人 伝統的工芸品産業振興協会）の分類にならっています。　（2020年8月現在）

さくいん

ここでは、この本にでてくる重要なことばを50音順にならべ、その内容がでているページをのせています。調べたいことがあったら、そのページを見てみましょう。

あ

か

さ

た

な

は

ま

や

ら

わ

一般財団法人 伝統的工芸品産業振興協会

(いっぱんざいだんほうじん でんとうてきこうげいひんさんぎょうしんこうきょうかい)

「伝統的工芸品産業の振興に関する法律」にもとづき、設立された財団法人。全国の伝統的工芸品を、多くの人びとに知ってもらい、生活のなかでつかってもらうため、国、地方公共団体、産地組合およびその他の機関の協力をえて、伝統技術を受けついでゆくためのさまざまな活動をおこなっている。

青山由紀（筑波大学附属小学校）
由井薗健（筑波大学附属小学校）

●装丁・本文デザイン
周 玉慧

●DTP
Studio Porto

●イラスト
たじまなおと

●図版
坂川由美香（AD・CHIAKI）

●校閲・校正
村井みちよ

●編集・制作
株式会社童夢

取材協力・写真提供

有田観光協会／いの町紙の博物館／雄勝硯生産販売協同組合／奥会津三島編組品振興協議会／株式会社岩鋳／株式会社箔一／きねや足袋株式会社／経済産業省　東北経済産業局／公益財団法人 日本相撲協会／公益社団法人 福井県観光連盟／越谷市／東京都／奈良市教育委員会／博多織工業組合／彦根仏壇事業協同組合／福岡県観光連盟／福岡県商工部観光局観光政策課／福岡市／房州うちわ振興協議会／本場奄美大島紬協同組合／モニュメント・ミュージアム来待ストーン／余門漆芸工房／輪島漆器商工業協同組合

写真協力

株式会社フォトライブラリー

○この本の情報は、2020年8月現在のものです。

発　行	2020年10月　第1刷　　2024年6月　第5刷
監　修	一般財団法人 伝統的工芸品産業振興協会
発行者	加藤裕樹
編集者	崎山貴弘
発行所	株式会社ポプラ社 〒141-8210　東京都品川区西五反田3-5-8 ホームページ　www.poplar.co.jp
印　刷	大日本印刷株式会社
製　本	株式会社ブックアート

ISBN978-4-591-16771-7 ／ N.D.C.375 ／ 47p ／ 29cm Printed in Japan

落丁・乱丁本はお取り替えいたします。
ホームページ（www.poplar.co.jp）のお問い合わせ一覧よりご連絡ください。
読者の皆様からのお便りをお待ちしています。いただいたお便りは監修・執筆・制作者にお渡しいたします。
本書のコピー、スキャン、デジタル化等の無断複製は、著作権法上での例外を除き禁じられています。本書を代行業者等の第三者に依頼してスキャンやデジタル化することは、たとえ個人や家庭内での利用であっても、著作権法上認められておりません。

P7221007

監修 一般財団法人 伝統的工芸品産業振興協会

社会科における「伝統的な工業」はもちろん、
国語の新教科書掲載の「伝統工芸のよさを伝えよう」での
調べ学習にも役立つシリーズです。

◆

1〜6巻では、全国の伝統的工芸品から90品目の歴史やつくりかた、
技法などについて解説しています。

◆

7巻では、伝統工芸選びから調べる方法、文章にまとめるまでを
順序だてて紹介しています。

1. 衣にかかわる伝統工芸① **織物** N.D.C.753
2. 衣にかかわる伝統工芸② **染物とアクセサリー** N.D.C.750
3. 食にかかわる伝統工芸① **焼き物と金工品** N.D.C.750
4. 食にかかわる伝統工芸② **漆器と木工品** N.D.C.750
5. 住にかかわる伝統工芸① **家具と仏壇** N.D.C.750
6. 住にかかわる伝統工芸② **文具と人形** N.D.C.750
7. **伝統工芸のよさを伝えよう** N.D.C.375

小学校中学年から A4変型判／各47ページ
図書館用特別堅牢製本図書

ポプラ社はチャイルドラインを応援しています

18さいまでの子どもがかけるでんわ
チャイルドライン®
0120-99-7777
毎日午後4時〜午後9時 ※12/29〜1/3はお休み
電話代はかかりません 携帯（スマホ）OK

18さいまでの子どもがかける子ども専用電話です。
困っているとき、悩んでいるとき、うれしいとき、
なんとなく誰かと話したいとき、かけてみてください。
お説教はしません。ちょっと言いにくいことでも
名前は言わなくてもいいので、安心して話してください。
あなたの気持ちを大切に、どんなことでもいっしょに考えます。

チャット相談は
こちらから

伝統工芸マップ ―東日本編―

東日本では、どんな伝統的工芸品がつくられているのでしょうか。
ここでは、1～6巻でとり上げている伝統的工芸品を地図上でしめしています。
それぞれの伝統的工芸品のしょうかいページを見てみましょう。

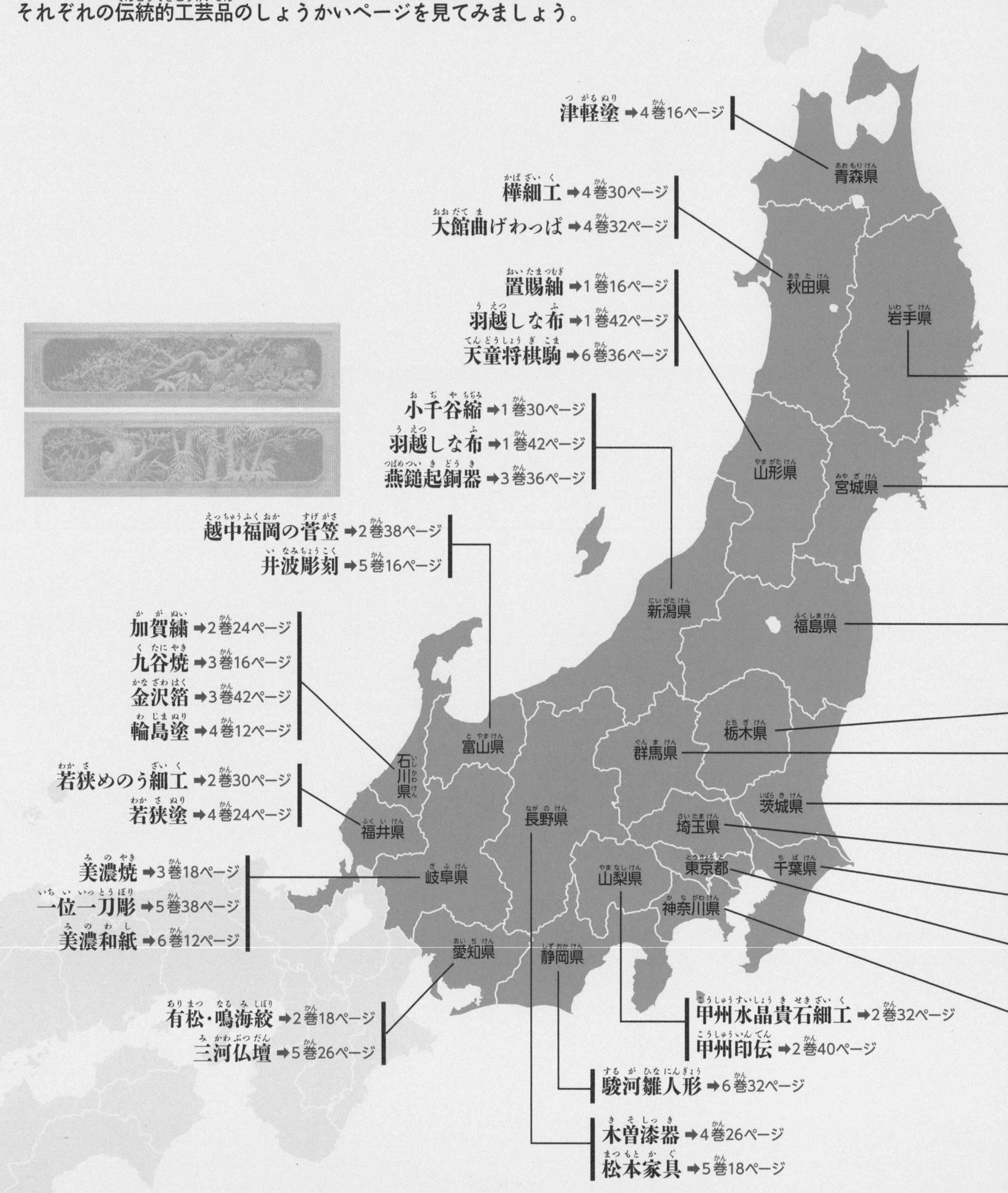